玩的就是心计

路天章 编著

成都地图出版社

图书在版编目(CIP)数据

玩的就是心计/路天章编著. -- 成都:成都地图
出版社有限公司,2018.10(2025.5 重印)
ISBN 978 – 7 – 5557 – 1065 – 3

Ⅰ.①玩… Ⅱ.①路… Ⅲ.①人际关系 – 通俗读物
Ⅳ.①C912.11 – 49

中国版本图书馆 CIP 数据核字(2018)第 237980 号

玩的就是心计 WAN DE JIUSHI XINJI

编　著:路天章
责任编辑:陈　红
封面设计:松　雪
出版发行:成都地图出版社有限公司
地　址:成都市龙泉驿区建设路 2 号
邮政编码:610100
电　话:028 – 84884648　028 – 84884826(营销部)
传　真:028 – 84884820
印　刷:三河市泰丰印刷装订有限公司
开　本:880mm × 1270mm　1/32
印　张:6
字　数:136 千字
版　次:2018 年 10 月第 1 版
印　次:2025 年 5 月第 14 次印刷
定　价:35.00 元
书　号:ISBN 978 – 7 – 5557 – 1065 – 3

前　言

　　喧嚣尘世，芸芸众生，谁不想付出就有回报？ 谁不想遭遇困难时能得到八方援助？ 谁不想高朋满座，知己常有？ 谁不想凭一张嘴畅行天下，打造不凡人生？ 谁不想求人办事时，薄礼相送也能顺顺利利？ 谁不想梦想成真，心想事成？ 其实，这一切都能实现，而且很简单，那就是做事时有点心计。

　　很多时候，我们需要戴着面具生活。 在不同的场合，对待不同的人，我们需要用不同的方式来应对，这种应对本身就是心计。 可长期以来，"心计"一词总是被人们误解，一个人一旦被贴上了"有心计"的标签，就会遭到人们的冷眼，将其与诡计多端画上等号。 其实，"心计"是一种为人处世的智慧和谋略，并非害人的诡计。 做事有心计，不是让你在做事过程中为达到目的而使用不正当的手段，不是让你为了获取成功而放冷箭，更不是让你为了出人头地不惜背地里使黑招。 所谓"心计"，是做事时先下手为强的胆略，是行动前深谋远虑的眼光，是让人情更具杀伤力的武器，是善借机会成就辉煌的气魄，是你走向成功之路的巧言妙语……

　　心计决定生计。 现实生活中，有的人从容潇洒，谈笑风生间诸多问题就能迎刃而解；有的人忙忙碌碌，到头来还是一事无成，落寞失意。 当今社会，人心日趋复杂，竞争日趋激烈，仅靠着一副好心肠已很难应对现实的挑战。 接连不断的困顿和坎坷，都在告诉你一个不争的事实——只靠着一股蛮劲横冲直撞，是抵达成功的最远路途；会玩心计，才是做人做事的最大资本。

聪明的人之所以聪明，成功的人之所以成功，就是因为他们比一般人多了一些心计。 有心计的人会时刻注意辨人识人，营造和谐的人际关系网，知道何为难得糊涂，懂得进退，因而能在各种人生场合中左右逢源、游刃有余。 如果你不懂为人处世的心计，不知外拙内精，不懂佯装糊涂，不知善于吃亏、丢卒保车，不知以柔克刚、水滴石穿，不知什么山上唱什么歌，不知攻心为上、厚黑并用，不知与上级、同事、朋友的相处之道，就难免处处碰壁，使人生限于庸碌无为的困局。 玩转心计，既能够防止别人的明枪暗箭伤到自己，又可以增强自身的适应力和竞争力，为我们的人生创造精彩。

当然，心计不是与生俱来的，它需要我们后天不断地摸索，需要我们认真观察生活，观察周围人与人之间细腻复杂的关系，需要我们学习可以在各种社交场合如鱼得水的经验。

本书立足现实，取材于我们熟悉的生活实际，将各种心计予以分类整理，内容全面，技巧丰富，方法实用，具有可操作性，是极具实用价值的心计攻略大全集。 一书在手，便可助你拥有高质量的生活、成功的事业与辉煌的未来！

2018 年 8 月

目　录

第一章

学会保护自己，前方的路要靠自己走

每次都是初交

做人要有心计，生意就是生意，容不得温情脉脉，而要见人如初交。

有一个日本商人请犹太画家吃饭。坐定之后，画家便取出画笔和纸张，趁等菜的时候，画随同而来的女主人。

不一会儿，速写画好了。日本商人看着这幅画，果然不错，连声称赞道："太棒了，太棒了。"

听到朋友的奉承，犹太画家便侧转身来，面对着他，又开始画起来，还不时向他伸出左手，竖起大拇指。在一般情况下，画家为了估计画像比例，都用这种简易方法。

日本商人一见这副架势，知道这回是给自己画速写了。虽然因为位置关系，不知道画得怎样，但他还是端正地摆好姿势。

日本商人定定坐了约 10 分钟的时间。

"画好了。"画家站起来说道。听到这话，日本商人松了一口气，急切地去看那幅画，之后不禁大吃一惊。画家画的根本不是日本商人，而是他自己左手的大拇指。

日本商人恼羞成怒地说："我特意摆好姿势，你却捉弄人。"

犹太画家却笑着对他说："我听说你做生意很精明，我这是考验你，你也不问别人画什么，就以为是在画自己，还摆好了姿势。从这一点来看，你还不如犹太人。"

到这时，那位日本商人才如梦初醒：看见画家第一次画了女主人，第二次又面对着自己，就认定画的是自己。

有意思的是，对自己，犹太人要求做到"每次都是初交"，避免别人策动自己；但对别人，犹太人则毫不迟疑地在"第二次"时策动了别人。

犹太人的生意经上赫然写着一条："每次都是初交。"这样做的好处至少有两个：

其一，不会让自己轻视对手，相反，可以有足够的戒备，防止对方可能做的一切手脚。

其二，可以保证自己第一次所获得的利益，不至于被做第二次生意时为顾念前情而做出的让步断送掉。生意毕竟是生意，容不得温情脉脉，不然第一次就不必计较那么多了。

这两个好处看上去很平淡，但因为它们是在人的潜意识里起作用的，往往在人们的漫不经心中便被忽略了。直到事情的结果出来了，大失所望甚至绝望之余，人们才发现自己的大意。

所以，"每次都是初交"是犹太人总结出的生意经，它能在人的潜意识里发生作用，防患于未然。只有经验丰富、冷静清醒的杰出商人，才会在这种极其细微、极不容易觉察的地方，有如此清晰的认识。

把握分寸，不被小人左右

做人要有心计，言谈举止一定要把握好分寸，不要让小人利用了你在言谈举止上的失误，拿你当枪使，损人利己。

唐玄宗天宝年间，李适之与李林甫同朝为相。李适之性格豪放，心不够细，考虑事情不周全。口蜜腹剑、阴险的李林甫常拿李适之当枪使，在唐玄宗面前争宠。

有一次，李林甫对李适之说华山上有金矿，如果开采冶炼，可以富国，皇帝对此事还不知晓。这显然是李林甫预设的圈套，李适之想想就能知道李林甫别有用心。因为李林甫身为执政宰相，既知华山有金矿，就应直接向唐玄宗说，而不是让李适之转告。可李适之却不假思索地把此事启奏皇上。

唐玄宗听后，召见李林甫询问此事，李林甫很恭敬地回答说："华山有金矿，微臣早有耳闻，但考虑到华山是王气所在，不应该开凿，不然就坏了本朝风水，因此并未向您提及。是谁向陛下提起此事呢？他要坏了您的风水，居心何在？"

唐玄宗听了，觉得还是李林甫最忠实于自己，事事替自己着想，很赞赏他。同时，唐玄宗觉得李适之考虑事情不周全，事后对李适之说："从今以后，上奏之前，先去和李林甫商量商量，得到他的允许方可上奏。"

从此，李适之再也无法越过李林甫直接去觐见唐玄宗了，他失宠了。

李林甫巧设妙计，借他人之手打败了自己的对手。而下面这个故事则告诉人们，做人一定要注意自己的一言一行，该说什么话，该做什么事，都要在脑子里多绕几个弯。

当年赵高要陷害李斯，就伪善地对李斯说："现在各地群盗蜂起，天下大乱，可是当今皇上却淫逸误国。我本想来劝谏皇上，可我的官位小，说话也不为陛下所重。您身为丞相，这正是您分内的事，您要劝劝皇上。"

李斯听了哭丧着脸说："可不是嘛！我早就想进宫劝谏。但是宫廷森严，想传个话进去也办不到，更别说见皇上了。"

赵高故作亲切地说："如果您真想劝谏，我给您找个机会，您到宫外求见，我给您捎信儿时您就进来。"李斯很感激他。

赵高经常在宫中侍奉秦二世。当秦二世和宫女们玩得正起兴时，赵高就派人去通知李斯来求见。李斯急匆匆地来到宫门外求见，秦二世听了，不耐烦地说："我玩得正高兴呢，让他回去吧！"

就这样，皇上一玩到高兴的时候，赵高就通知李斯来求见，如此三番。

秦二世非常生气，对赵高说："我有空时，丞相不来求见，偏要在我玩得高兴的时候就有事要求见，扫兴。"

赵高见秦二世动了气，便乘机大进谗言，诋毁李斯，拟个罪名除掉了他。

李斯因为没有识破赵高的小人伎俩，被他利用，最终招致了杀身大祸。

在日常生活中，我们一定要提防小人，一旦中了小人的圈套，被其利用，后悔就来不及了。

比如，某人有不可告人的隐私，你说话时不小心说漏了，言者无心，听者有意，他会认为你是有意跟他过不去，从而对你怀恨在心。某人做事别有用心，不想让别人知道，如果被你知道了，必然对你非常不利。如果你与对方非常熟悉，绝对不能向他表明你绝不泄密，那只会招来麻烦。唯一可行的办法就是假装不知。某人有阴谋，你却参与其中，代为决策，帮他执行，从好的方面看，你是他的心腹，而从悲观的方面来说，你是他的心腹之患。你虽然谨守秘密，不说出来，不料另有人识破，对外宣告，那么他就会怀疑你。

万一对方对你并不十分信任，你却极力讨好他，为其出谋划策。如果方案被他采用，而试行的结果并不好，他一定会疑心你在有意捉弄他，使他上当；即使试行结果很好，他也不会觉得你好，认为你只是偶然发现，不能算你的功劳。这时，沉默才是金。

适当警惕，提防"热心人"

信任人是没有错的，但也要提防，尤其是对于主动帮你忙的"热心人"。

一日，朱女士在自动取款机前取钱，孙某紧随其后。朱女士不太会用取款机，连着输入了两次密码都没能取得现金。孙某非常"热心"，帮朱女士退卡，拿到旁边的自动取款机上试了半天，也没有取出钱来，说是机器坏了，转身将银行卡还给了朱女士。然而等朱女士查询账户余额时，却发现账户上的5000元钱已不翼而飞。后来，犯罪嫌疑人孙某被公安机关抓获。

其实，骗子的手法很简单。骗子等在自动取款机附近，遇到那些不会使用取款机的人，就走上前去假意帮忙。他们一拿到银行卡，便以熟练的手法偷梁换柱，用自己手中一张没有钱的空卡插入取款机。在取款人输入密码时，由于密码不符，取款人不得不再输一次密码，此时骗子已经把密码看在眼里，并暗中记了下来，然后骗子帮取款人取出银行卡，还"好心"地提醒取款人，可能密码记错了，今天先别取钱，免得卡被机器"吃"了。等取款人离去，骗子就把卡上的钱取走。

一天傍晚，张大妈正在街上散步。一位年轻人突然从旁边走过来，一边扶着她一边热心地对她说："大妈，瞧您这么大年纪，还是走人行道安全，小心车把您给撞了。"面对如此热心的年轻人，张大妈很是感激，连声说："谢谢！"很快，年轻人就消失了。这时，张大妈觉得有点蹊跷，她心想自己身子还算硬朗，路上也不算危险，这个年轻人怎么会好心扶她到人行道上？她摸摸口袋，才发现200多元钱不翼而飞，张大妈这时才恍然大悟，刚才那位"热心人"，已经在扶她的过程中偷走了她的钱。

假装"好心人"主动帮忙，实为诈骗的事非常多。当有人主动"热心"地帮助你时，防人之心一定要有。

一般情况下，我们有事自己会请人帮忙，但有时却恰恰相反，有人会主动向你伸出援助之手。这种情况多少有些异常，因此要谨慎提防。

一名中年男性患者躺在某医院急诊科观察室的床上打吊针。他不停地抱怨，嫌医生不给他用好药。这时，门口有位姑娘和他搭讪："现在这社会，没熟人，事就不好办！"患者点头表示有同感，那位漂亮姑娘见有机会，便热情地说："这里的大夫我都很熟，我帮你求大夫。"说完就离开了。过了一会儿，姑娘回来告诉他说："大夫同意给你换好药了，一会儿就来。"等了半天没见大夫来，看患者有些急，姑娘似乎急中生智地说："不然我用你手机给他打电话。"患者感激地把手机递到姑娘手中，她拨通一个电话，假装听不清，一边"喂"，一边向门口移去。当姑娘移至门口时，患者似乎意识到不对劲，可还没等他张口要手机，姑娘就跑了。患者又喊又骂，等他提着吊瓶追至门口时，那姑娘早已不见了踪影。

当你遇到困难，别人主动伸出热情之手时，你可能由于感激而轻易相信别人。一些别有用心的人往往就利用这一点，在假意给你提供帮助的同时顺手偷东西。

所以，我们在接受好心人的主动帮忙时，一定要有心计，不可轻易相信。毕竟社会复杂，防人之心一定要有。

心事最好放心底

随便向人倾吐自己的心事，就是向别人展示你的弱点，授人以柄，他日这便会成为别人利用你的武器。

安庆战役（1860—1861），是曾国藩率领湘军镇压太平天国运动的一次关键性战役。在安庆战役前，曾国藩部将胡林翼、左宗棠都属于劝进派。劝进最用力的是王闿运、郭高焘、李元度。当安庆攻克后，湘军将领欲以盛筵相贺，但曾国藩只许每人贺一联，于是李元度第一个撰成，其联为"王侯无种，帝王有真"。曾国藩把它撕了，并斥责了李元度。在《曾国藩日记》中有很多他劝李元度要小心一点的记载，虽不明记，但大体也是这样。曾国藩死后，李元度曾哭之，并赋诗一首，其中有"雷霆与雨露，一例是春风"的句子，暗指了这件事。

李元度贺联被斥，其他人也写不出合意的，其后"曾门四子"之一的张裕钊来安庆，以一联呈曾，联说：

天子预开麟阁待

相公新破蔡州还

曾国藩一见此联，击节赞赏，并将此联在将领中传阅。但有人认为"麟"字对"蔡"字不工整，曾国藩勃然大怒说："你们只知拉我上草案树（湘人俗称荆棘为草案树）来获得好处，而不读书求实用。麟对蔡，以灵对灵，非常工整！"蔡者为大龟，与麟同属四灵，对仗当然工整。

还有传说，曾国藩寿诞，胡林翼为他贺了一联，曰：

用霹雳手段

显菩萨心肠

曾国藩最初对此联大为赞赏，但胡林翼告别时，留有纸条在桌上："东南半壁无主，我公其有意乎？"曾国藩见之，惶恐无言，把纸条撕了。

左宗棠也写了一联，用鹤顶格题神鼎山，联说：

神所凭依，将在德矣

鼎之轻重，似可问焉

左宗棠写好这一联后，便派专差送给胡林翼，请他代转给曾国藩，胡林翼读到"似可问焉"四个字后，心中明白，乃一字不改，加封转给了曾国藩。曾国藩阅后，把"似"字改为"未"字，又原封退还胡。胡林翼见到曾国藩的修改，写了八个字："一似一未，我何词费！"

曾国藩改了左宗棠下联的一个字，改变了原意，成了"鼎之轻重，未可问焉"，所以胡林翼有"我何词费"的叹息。

曾国藩的门生彭玉麟，在他署理安徽巡抚，力克安庆后，曾派人请曾国藩东下。在曾国藩所乘的行船犹未登岸之时，彭玉麟便遣一名心腹，将密信送来，曾国藩便拿着信来到后舱。展开信后，信上并不写称谓，只有彭玉麟亲笔所写的十二个字：

东南半壁无主，老师岂有意乎？

这时，后舱里只有曾国藩的亲信倪人鲍，他也看到这封信，只见曾国藩面色立变，生气地说："不成话，不成话！雪琴（彭玉麟的字）他还如此试我。可恶可恶！"

接着，曾国藩便把信纸给吃了。

当曾国藩劝石达开降清时，石达开也曾提醒他，他的分量和韩信一样重，何不率众独立？曾国藩沉默不语。

可见，曾国藩有自己的自保原则。

有些心事带有危险性与机密性，例如你在工作上承担的压力与牢骚，你对他人的指责，你对某事的意见。当你痛快地倾吐这些心事时，可能会被对手利用并且加害于你。人的一生中，总免不了会遇到吃亏上当、栽跟头的事。虽有所谓的"吃一堑，长一智"，但在吃亏以后再吸取教训，未免代价大了些。

向别人倾吐心事一定要慎重，因为心事展示了自己的弱点，这脆弱的一面会让人下意识地瞧不起你，最糟糕的是脆弱的一面被别人利用。虽然这种事不一定会发生，但要随时提防。

别被表面现象蒙蔽

表面现象经常会蒙蔽人，因为人们总是看中外表，看不见平静表面下内心的波涛汹涌，看不见善良背后的虚伪。

清朝时，河南境内某镇上的金饰店，有一天来了一个跛脚的男子。尽管他走路不方便，但却穿得十分体面，他一走进店内，便开始抱怨，说县令非常残暴，竟然为了一点小事就把他毒打了一顿，还生气地说，他一定要报复。

店主人忙着做他的事，听归听，做事归做事，并不在意。这人说着说着，从衣袖里取出一片很大的狗皮膏药，就在打造金饰的炉边将膏药熏烤起来，等膏药软了，便用来贴敷身上的伤口。

这种借用店内炉火的事，在金饰店是常有的，这也是给路人以方便。尽管不认识这个人，但店主基于方便他人的心理，根本不疑有诈。可谁知，等到膏药熔化后，那人竟然将膏药往店主的脸上糊去。店主人猝不及防，慌了手脚，连忙处理伤口，那个跛脚男子却趁这个机会，冲进柜台，把贵重的东西全部拿走，等店主醒过神来呼救时，跛脚汉已经逃得不见踪影了。

无独有偶，在江西某地区也发生过类似的事情。一户卖米人家，把几袋米放在门口，有一天，忽然来了一个跛脚大汉，腆着个大肚子，慢慢走过来，然后气喘吁吁地坐在米袋上面休息。

附近有不少人都看到了，但工作的工作，闲聊的闲聊，没有人在意他，毕竟方便过路人嘛，无所谓。

过了一会儿，大家看到那人站了起来，一瘸一瘸地走了。没过多久，这家人发现少了一袋米。

经过大家追查，才发现那人的跛脚是假的，大肚子也是假的，这些伪装不过是方便夹带米袋走人罢了！

低调点，狂妄太害人

1996年6月，俄罗斯总统选举爆了冷门：列别德单枪匹马竞选总统，获得了15%的选票，名列第三，后来，叶利钦为了蝉联总统，将列别德招至麾下，让他担任会议秘书和安全助理。这使支持列别德的选民转而支持叶利钦，为他以后选举的胜利奠定了基础。列别德名声大振，是政坛红人，连叶利钦都预言：列别德将成为2000年的俄罗斯总统。

可是，在10月17日，叶利钦蝉联总统仅仅121天时，被称为"明星政治家"的列别德被撵出了克里姆林宫。列别德突然被撤职，原因何在呢？

有人说他是祸从口出，有人说他权力欲太强，两种说法都对，因为他野心勃勃，要让总统、总理下台，使克里姆林宫的政治失去了平衡。

列别德的下台，是由他和内务部长库利科夫的争吵而引起。库利科夫得到叶利钦的支持，又是总理切尔诺梅尔金的盟友，他在车臣战争的决策上属"强硬派"。但是，列别德一进入克里姆林宫，就把手伸向库利科夫的权力范围，与库利科夫发生冲突。列别德单方面和车臣反动分子签订了俄军在车臣停火并撤出的《哈萨维尤尔特协议》，这个举动使他获得了一定的声望。但他处理独断，使很多政客不满，库利科夫坚决反对从车臣撤军，认为这样做将导致战争车臣化，俄罗斯南部会陷入混乱……列别德针锋相对，把车臣战争的责任推给库利科夫，认为库利科夫判断失误，认为他没有资格当内务部长。列别德还要叶利钦在他和库利科夫两人之间做出选择："有他无我，有我无他。"

列别德把自己看得太高了，他天真地以为除了他是"救世主"外，别人都是无能之辈。

他批评了所有同行：他攻击切尔诺梅尔金政府的经济政策不是维护国家利益，而是对某些集团有利；他指责总统办公厅主任丘拜斯是"挟天子以令诸侯"，想充当俄罗斯的"摄政王"；他又阻挠叶利钦总统任命巴图林担任负责高级军职任免机构的领导人；他一再要求库利科夫"引咎辞职"；最后，他又和以前的好友、国防部部长罗季奥诺夫吵翻，他指责罗季奥诺夫改革空降部队的真正目的是"企图消灭空降部队"。这个目中无人的家伙在议会、党团到处树敌，眼里容不下任何人。他刚担任安全会议秘书，就要求扩大安全会议的职能，还起草了新章程，以国家安全为由，干涉国家外交。他还不知天高地厚，提出增设副总统的职位，将自己的野心昭告天下。他居然对德国《明镜》周刊的记者说，他很快便会成为叶利钦的接班人。后来，叶利钦被检查出心脏有病，他竟冒天下之大不韪，要求总统"暂时"下台，表示"总统有病就应交出权力"，还同科尔扎科夫一起，组建竞选班子，为竞选总统做准备……

谁还能容忍这样一头"公牛"胡作非为呢？所以，库利科夫组织反击是有充分的"群众基础"的。库利科夫说列别德有一支由 5 万名军人组成、号称"俄罗斯军团"的特种部队，要发动政变。1996 年 10 月初，叶利钦在发表电视讲话时，指责"有些人"以总统生病为理由，图谋篡位，急于"换总统像"。

这表明，叶利钦再也容不得列别德。果然，10 月 17 日，叶利钦在电视讲话中撤销了列别德的一切职务，其罪状的第一条就是未经允许便采取一些有损国家利益的行动，损害了领导层的团结。叶利钦引用了克雷洛夫的著名寓言说："国家的领导应该团结一致，万众一心为国家工作。可现在成了'天鹅、虾和梭鱼'，各行其是。"

列别德输局已定。他在这 121 天时间里的种种表现都反映出他在政坛上的稚嫩，也反映出他并不适合做政治家。

柯维评论此事时引用了戴尔·卡耐基的一句名言："在影响一个人成功的诸多因素中，人际关系比专业知识还重要。"

古代的贤人智者，无不在教导我们，做人要谦虚，不可狂妄自大。 人若是产生骄傲情绪，那么他评判事物的标尺就会失衡，因为自大遮住了自己的双眼，会让自己有些眼花缭乱，有些飘飘然，就很可能会对自己做出错误的判断。

人有才能是好事，但不能恃才傲物。 狂妄往往是与无知和失败联系在一起的，狂妄的人不招人待见，自然也很难得到上司的赏识和朋友的认可。 这样的人又怎么会有所作为呢？

狂妄的人总是高估自己而低估别人。 他们认为谁都不如自己，自己永远都是正确的、高高在上的。 有的人读了几本书，就自高自大；有的人学了几套拳脚，就自以为武功高强，到处称雄。 这样的人很容易失败。

一个人的才能，别人都看在眼里，不用自我吹嘘。 如果过于狂妄，往往还会留下笑柄。 人们常说，"天不言自高，地不言自厚"。 狂妄有时候还展示了自己的弱点，极力表现自己是因为害怕别人看轻自己，说自己不行。

有个限度，别贪心不足

做任何事情都要有个限度，掌握好分寸。

中秋，一个年轻人披星戴月地赶路。拐过一山口，突然金光四射，眼前的一切物体都变为了金子，金树、金草、金石……正愕然间，一老妪飘然而至，对他说："年轻人，你真走运。"说着从脚边拣起几块金石递给他说："回家好好过日子吧!"年轻人叩头谢恩,再抬头,老人已不见踪迹。

他揣着几块金石继续赶路,边走边想:要不多捡几块金石吧?于是他弯腰尽拣,直到抱不住为止。路遇一桥,过桥即可到家了。他在桥上休息时想:这么多金子,何不回家取物来装,还在乎怀里这一点?于是他将怀里的金石尽抛水中,回家拿篮子去了。待他再回到遇仙之地,却什么都没有了。

回到家里,亲友听闻此事,无不责备他,有的说:"如此贪心,怀里的那些金石就足够了。"更有人说:"有老人给的那几块金石就足够了。"而他只能悲极而泣。

遇仙之事固然乌有,但世上却有很多贪心的人,不懂得见好就收的道理。做人不要贪心不足,否则便会失去已经得到的一切。

有个人为了捉麻雀,把箱子制作成一个有进无出的陷阱,一旦麻雀进去了,只要把进口堵上,它就逃不出来。

这天,他抓来一把谷子,从箱子外撒到箱里,然后他在箱子盖上系了一根绳子,自己攥着绳子的一端,躲在远处等麻雀。只要他把绳子轻轻一拉,箱子的盖就会关上,麻雀就被关在里面了。

不一会儿,一群麻雀欢快地啄食起谷子来,他数了数,一共有 15 只,够他吃好几天了。有 4 只进箱子里了,已经有 9 只了,13 只了,他盯着外面的两只麻雀,想到再捕两只,自己就可以坐享一个星期了。

他正想着,一只麻雀溜了出来。他非常懊悔刚刚没拉绳。"如果再进去一只我就关。"他这样想。可是又出来两只，再出来两只……

最后，他眼看着所有的麻雀离去，箱子里什么都没有了，包括他的谷子。

也许有人会说，"见好就收"也许会失去很多利益。但是当这个"好"到了一定限度时，收也无妨，毕竟你已经占了大部分利益。15只麻雀捕到13只，利益已经够多的了，如果把目标定为百分之百地占有，那无疑是贪婪。

"见好就收"这一俗语很有哲理。只知大杀大砍的乃是匹夫之勇，懂得适时收兵的才是良将和智者。

《阿里巴巴与四十大盗》中，念着"芝麻芝麻开门吧"的口诀，就能进入藏宝之洞，有的人只拿了适度的财宝，不贪婪，遵循了"见好就收"的原则，冷静出了洞，安安生生地过日子去了；有的人一进洞，就想占有所有财宝，利令智昏，怎么拿都嫌不够，哪还记得口诀啊，后来被强盗们杀了。

不必"棒打落水狗"

"落水狗"可以打，人却还要相处，所以，有心计的人不会去"棒打落水狗"。

黄女士是一家杂志社的编辑，她曾旅居英国，行事有些洋派，在那家作风保守的杂志社里显得有些格格不入。偏偏她个性散漫，又常做错事，因此总编并不喜欢她，只因她是老板朋友的女儿，因此就什么都不说。

有一天，为了一篇稿件，总编和黄女士起了冲突，大家都去围观他们的争斗。黄女士力争，大家却纷纷指责黄女士的不对，黄女士一舌难敌众口，掩面而逃。之后，众人还不约而同地联合起来打击她，挑她稿件的毛病，批评她不守纪律，最终迫使她不得不辞职。

这就是"棒打落水狗"，也就是对失利的人继续加以打击。"落水狗"已经够惨了，你还用棒子打它，它焉能不死？说起来很残酷，但却很现实，这种情形在生活中很常见。

人具有求生存的本能，除了依靠自己获得生存之外，还要靠他人的提携及团体的帮助，因此人总是愿意靠近强大的一方。与其说这是现实，不如说这是人类的本能。因此，当有人成为"落水狗"时，他在同仁眼中便失去了价值，而别人为了向强者示好，当然也要打他一棒。

当然，"落水狗"被打还会有其他原因，例如与人交恶，锋芒太露，引人嫉妒，妨碍了别人的利益等，这都会引起别人的反感。

每个人的价值观都不一样，做什么事都不能保证让所有人满意，因此你也有成为"落水狗"的可能。成为"落水狗"还挨打，便只有忍，只要能上岸，你仍能像平时一样凶猛。

那么，要不要去同情或搭救"落水狗"呢？如果你有这个勇气，不怕引火上身，则大可在精神上支持他，只要你认为这种做法是正确的。

给自己一个保护层

这个世界很复杂，做人做事，不妨先给自己加一个"保护层"。

曹操是个很有心计的谋略家，他深知留一手的妙处。为了防止下属危及自己的利益，他就告诉他周围的侍从说："在我睡觉时，你们不能随便靠近我，靠近了，我就会杀人，这样做了之后我自己还不知道，你们要时刻小心。"有一天，他假装睡着了，侍卫看到被子落下来，就上前想给他盖好，不料曹操却突然坐起来，挥剑把侍从杀死了，接着又躺下睡觉。醒后佯装不知地问："是谁把侍候我的人杀了？"自从这件事发生以后，每逢他睡觉，别人再也不敢靠近他。曹操说："要是有人想害我，我的心里就有所感觉。"大家听他这样说，都将信将疑。有一天，他对一个侍从说："你怀里藏把刀，悄悄地来到我身边，我说我有所察觉。你只要不把这件事的实情说出去，保证你没事，事成之后我还将重重地报答你。"这个侍从信以为真，所以在被捕以后一点也不害怕，但却被杀了。这个人临死才知道上了当，但却为时已晚。从此以后，人们都以为曹操确实有这种本领，就没人敢谋害他了。

唐朝郭子仪因平定安史之乱而出名，但很少有人知道，这位红极一时的大将，为人处世却极为小心谨慎，与他在战场上的雄风全然不同。

唐肃宗上元二年（761年），郭子仪进封汾阳郡王，住进了豪华的王府。令人不解的是，堂堂汾阳王府每天总是让人随便进出，与别处官员宅门森严的情况迥然有别。客人来访，郭子仪便请他们进入内室，并且命姬妾侍候。有一次，某将军离京赴职，前来王府辞行，看见他的女眷在打扮，差使郭子仪递这拿那，竟同使唤仆人没有两样。郭子仪的儿子们觉得父亲身为王爷，如此不好，一齐来劝谏父亲以后分个内外，以免让人耻笑。

郭子仪则笑着说："你们不理解我，我的马吃公家草料的有500匹，我的部属、仆人吃公家粮食的有1000人，现在我非常受宠。但是，谁能保证没人正在暗中算计我们呢？如果我修筑高墙，关闭门户，和朝廷内外不相往来，一旦别人怨恨我，诬陷我怀有二心，我就百口莫辩了。现在我大开府门，无所隐私，是非无处可生，就是有人想用谗言诋毁我，也没有借口。"

几个儿子听了这一席话，都拜倒在地，敬佩父亲的远见。

中国历史上有大功于朝廷的文臣武将，很少有下场好的。郭子仪历经唐玄宗、唐肃宗、唐代宗、唐德宗数朝，身居要职60年，有过波折但还是保全了性命。他以80多岁的高龄寿终正寝，给几十年戎马生涯画上完美句号，与他的谨慎有很大关系。

在为人处世上，上司要是不留一手，恐怕会受制于下属。有心计的领导都会留一手，以防不测。只有你手中有绝招，才能形成向心力，才能有效地防止下属叛逆。任何时候，你都要能处变不惊，以静制动，而后全力出击，力挽狂澜。

世事诡谲，风波乍起，非人所尽能目睹。有心计的人会主张立身唯谨，避嫌疑，远祸端，凡事预留退路，不思进，先思退，满则自损，贵则自抑，如此方能保全自己。

第二章

你能走多远,取决于你与谁同行

主动结交，朋友会越来越多

人生有些事情，是天生注定的。比如，你无法选择自己的父母，无法选择自己的亲戚，也无法选择自己出生的时间和空间，等等。但是，一个人踏入社会后，就可以自由选择，建立你的人脉网。想结交哪些朋友，建立什么样的人际关系网络，这是你的权利。

实际上，许多人都局限于自身生活与工作的狭小圈子，除了自家人和亲戚关系，还有那么几个同学、同事、朋友和熟人，这些关系的形成顺其自然，但有局限性。中年人和老年人大多过着"两点一线"的生活，几十年如一日地来往于家庭和工作单位之间。如今的青年跟以前的大不相同，很是活泼，天南海北到处都是朋友，但有意识地选择和结交朋友，建立自己的信誉、人际关系网络的，仍旧很少。

我们经常看到这样的场面：在生日宴会上，几个好朋友聚在一起欢天喜地地玩玩闹闹，而旁边会有人只吃东西不说话，没有加入那些人的行列。这样的人，实际上是白白放弃了扩大自己交际圈的好机会。如果和别人主动说话，那就会打开一个自己不曾了解的崭新世界。

有这样一句话："对方的态度是自己的镜子。"在日常的人际交往中，有时自己感觉"他好像很讨厌我"，其实这正是自己也厌恶他的表现。对方也会察觉到你好像不喜欢他，当然两个人对彼此就愈加厌烦。 在出现这种情况的时候，自己要主动与对方交流。

在生活中，胡先生十分重视与人结识的机会。比如，他刚刚搬到世纪花园的时候，一天傍晚，他看见邻居家的女主人走了出来，便隔着树丛向对方望去，然后很自然地寻找合适机会，微笑着说了一声"你好"。随后，胡先生便弯腰穿过树丛，到她的后院停下，开始与她聊起天来。他们就这样认识了，还记住了对方电话，约好互相帮助，大家有个照应。

如何说出第一句"你好"呢？ 胡先生认为他们几乎是同时隔着树丛向对方打招呼；胡先生也相信，他们是一起有意识地走向树丛，目的便是结识彼此。

这种主动出击的交往方式是很重要的。

道理是这样，但人们仍存在交往的误区。 比如，有的人会认为"先同别人打招呼，会使自己很没面子""我这样麻烦别人，他肯定会反感的""我又没有和他打过交道，他怎么会帮我的忙呢"等。其实，这些想法都是错误的，没有任何可靠的事实能证明其正确性。但这些观念却阻碍了人们在交往中采取主动，从而失去了很多结识别人、发展友谊的机会。

当你因为某种担心而不敢同别人主动交往时，最好去实践一下，用事实去证明你的担心是多余的。 不断地尝试，你会积累下成功经验，你的自信心也会增强，你在工作场合中的人际关系也会愈来愈好。

拔掉人脉中的杂草

常言道："近朱者赤，近墨者黑。"人总是形形色色的。在经营人脉的过程中，这个问题必须予以警惕。否则，一旦你被人脉中的"墨者"染黑了，那些"赤者"便会离你很远，使你的人脉"品质"大幅降低，甚至给你带来灾难。

一般说来，好人总是很难做的，需要坚持人生必要的原则，讲道德、不损人利己，有自己的个性。至于那些有毛病的人，没有原则可能是他们的常态，这样的人个人主义思想严重，也不具备道德良心。这样的人，认识他是容易的，可拒绝他对许多人而言却并不容易。因为有毛病的人不仅存在毛病，还会时时刻刻误导别人。

一只虱子常年住在富人的床铺上，由于它吸血的动作缓慢轻柔，一直没有被富人发现。一天，跳蚤拜访虱子。虱子并不关心跳蚤的性情、来访目的及对自己是否有利，只是一味地表示欢迎。它还主动向跳蚤介绍说："这个富人的血是香甜的，床铺是柔软的，你今晚可以好好享受了！"说得跳蚤垂涎三尺。

夜晚，富人进入梦乡，跳蚤迫不及待跳到他身上，狠狠地叮了一口。富人从梦中被咬醒，愤怒地令仆人搜查。伶俐的跳蚤蹦走了，可慢腾腾的虱子则成了牺牲品，可它却到死也不知道自己惹祸上身的原因。

成长中的青少年，年纪小，阅历浅，分辨人好坏的能力比较差。见好人，学好人，做好事；遇坏人，学坏人，做坏事。即使是成年人，由于环境的改变，也容易见好学好，跟坏学坏。

关于"黑"与"赤"的评判标准，有时候要把它们放在特定的环境中。

一个人择友一定要看对方是否"良"。"金无足赤，人无完人"，我们选择的朋友，尽管会有这样那样的缺点，但人品与道德方面必须是好的。他能与你真诚相处，能分享你的成绩，也能规劝你的错误。以诚待人的朋友可称为"挚友"；能指出你过错的朋友称为"诤友"；能使你更加向往真、善、美的事物，使你变得更高尚、更富有魅力的朋友，就是你应当苦苦寻觅，让你终身受益的"良友"。与这样的朋友建立健康而真挚的友谊，会成为你前进的动力。

相反，有一种人可能使你变得庸俗低下，败坏你的思想品德，或以所谓的哥们儿义气拉拢、诱骗你，使你没有原则，不辨是非，甚至犯罪。必须趁早离开这种所谓的"朋友"。

把人情作为突破口

有心计的人，都把人情作为突破口，为以后的成功做准备。生意场上的人情投资应遵循以下几条原则。

1. 迅速增加手中的名片

当你手中拥有几张初交者的名片时，必须迅速出击，以十倍、百倍的速度使其增多。它将是你人际交往的生命线，是随时可以启动和挖掘的"存贷"。这里的难点是对面子的突破，要点是不可太急于将陌生人变为客户，而需要慢慢"和面"。生意之道在于慢工出细活，不能操之过急。这点也适用于交朋友。交朋友，耐心必不可少，需要通过时间来争取别人的理解和信任。

2. 做到在细节上的真诚

要做到细节上的真诚，需要内心真诚才行。"以财交者，财尽而交绝；以色交者，色落而爱移；以诚交者，诚至而谊固。"从某种意义上说，"客户至上"这句话，是说给自己内心听的，要让内心将其消化，然后在行动中体现出来。关键是对对方的理解，无论怎样的朋友或伙伴，他们与你相交、合作，都是有或多或少的利益要争取的，切不可因此而看不惯。理解后才能真诚相待，才能平平淡淡地经营"人情事务"，让人真正感到你的友善。而那种夸张的热情、过分殷勤的行为，反倒显得勉强、不够真诚。

3. 树立个人口碑

要树立你的个人口碑，从而把你的形象树立起来。通过修炼品德，遵守规则，慢慢积累你的影响力。到每个人都夸你处理问题极其到位的时候，你便会积累更多的社会资源，就会有为数不少的人支持你，你的才能就能得到最大程度的施展。

生意人要树立对人际关系进行长期投资的观念。有些人和事在短期内看无关紧要，但长期看就可能很重要。所以，精明的生意人如果能在人才方面适时投入，投在一些比较有能力的朋友身上，日后的回报必定超过你的投入。

和气生财，与人为善，共荣共利，这些都是生意场上流行的观念。所以，把人情作为突破口，方能在生意场上叱咤风云，笑傲江湖。

朋友资源不可透支

"天有不测风云，人有旦夕祸福。""谁都有马高镫短的时候。"人活在世上，总有需要别人帮忙的时候。但是，我们要明白，需要别人帮忙是难免的，但任何人都不能帮别人一辈子，谁又能一辈子都靠别人帮忙过活呢？所以，一个有心计的人不会任何事都求朋友帮忙，以免养成依赖的习惯。

事物的发展在于内因，外界的有利因素和不利因素，只能对事情发展的过程产生影响，而事物的本身仍起决定作用。打个比方，朋友就像是消防员，在你遇到紧急情况时可以求助他们，但平时自己能办到的事还是要靠自己。朋友不是你的影子，随时随地跟着你；朋友不是你的老师，有问必答；朋友不是你的父母，可以无条件地宽容你。朋友能做的，只是在你有困难而他们能帮得上忙时，伸手拉你一把。

请记住，朋友是一种资源，不到万不得已时不要用；朋友是消防员，救急不救穷。这有两重意思：一是指如何利用朋友资源，什么情况下请求朋友帮助最好；二是指应如何帮助朋友。

任何一个有心计的人都了解，朋友是一笔资源，可以使用却不宜透支。

从小到大，张强和李文两人一直是同学，也是好朋友。但过了13年后，两人家境却不同：张强是一家私营印刷厂的老板，有钱；李文在县城的一个中学当教师。当然，这并不妨碍张、李二人继续做朋友。

一个腰缠万贯的老板和一个两袖清风的教师，两人该如何做朋友？

李文的妻子是个下岗工人，儿子力力今年8岁，花费也很大，只靠李文一个月3000多元的工资维持生活，日子有些艰难。但李文却并没有因此而向张强开口借过钱，因为这月借了，下个月怎么办，以后又怎么办？而且，李文的经济情况也不是一时就会转好的，如果借了钱何时才能还呢？可不幸的是，力力出了车祸，要立即手术，需要4万元左右的费用。这时候，李文没有选择，只好向张强借钱了。

从张强的角度来看，假如李文向张强借了零零星星的钱当作生活费，当然，这笔钱对张强来说算不了什么，他也不会在乎，但朋友关系一定会受到伤害。吃人家的嘴短，拿人家的手软，李文难以以平等的心态对待张强，难免会产生不服、嫉妒、自卑等心理，本来应该有的感激之情便会荡然无存。

如果李文因儿子的意外而向张强借钱，对李文来说，这笔钱意义重大，自然会因此对张强心存感激。救急不救穷，不只限于金钱方面，还指帮朋友时，要给朋友一个坚持下去的信念，让他自己站立起来。小孩学走路时，父母不是一直用手牵着他，而只在孩子跌倒时，赶紧上来扶一把。 做朋友也应如此。

即使你们是很好的朋友，也万不可因小事向朋友求助，透支朋友资源。 如果让朋友们都心生不满，离你而去，做人做到这个份上是很失败的。

与强者结盟

借助强者可以使自己摆脱困境。

有这样一则笑话：

> 一群人在一起，好闹事的癞头张三跳出来叫嚣："谁敢打我?"一群人漠视不应，癞头张三洋洋得意。这时，人高马大的李四慢慢靠过来，扬起拳头说："我敢打你!"癞头张三一看势头不对，搭着李四的肩头说："谁敢打咱俩?!"于是无人再敢说话。

笑话是讽刺癞头张三的软骨病，现在看来，其实癞头张三并不简单：在不同的情况之下，能够迅速做出反应，与强大的李四攀上关系。 张三的做法，有点像我们常说的"傍大树""抱粗腿"，因为自身力量不够，便要寻找比自己更强大的一方，借助强者实力，使自己摆脱弱小的地位，得到别人的关注与尊重，并实现个人无法实现的目标。 长期以来，传统教育总是要人们自尊、自立，不要去阿谀奉承，要有独立的人格，并对那种投身强者的做法嗤之以鼻。 其实，只要不仗势欺人，这种做法对我们并无害处。 如果不是借助于强者，而是按照自我成长和发展一步步地来进行自我积累，就算付出时间、精力和财力，依旧有可能达不到自己期望的位置。 那么，凭借强者力量，或许是一条快速改变现状的路径。

借助强者的优势，与强者联合，可以达到仅借自己力量很难达到的高度，大大地减少了成本。 同时，因为你与强者联合，很多人就会自动像对待强者一样对待你，你会获得不一样的关注和尊重，会获得其他人的帮助，并能够整合更多的资源去实现自己的目标。

在大海之中，鲨鱼是一种十分凶狠的家伙，非常不好相处，许多鱼类都成为它们捕食的对象，但有一种小鱼却能与鲨鱼和平共处。鲨鱼非但不吃它，还为它找食物。这种鱼的生存方式，就是依附于鲨鱼，鲨鱼到哪儿它就跟到哪儿。当鲨鱼猎食时，它就在旁拾拣碎物，同时，因为它还会为鲨鱼驱除身体上的寄生虫，所以鲨鱼不但不捕食它，还感谢它。因为有鲨鱼的保护，所以它的处境十分安全，别的鱼也不敢吃它。

与强者结盟，可以在自己弱小时保证自身安全；借助强者的优势，可以避免其他强者的攻击，同时也能得到他人没有、强者才能得到的好感和尊重，而且自身能力会大有长进。 所以，要尽可能地结交比你强的人，要学习他们的美德以及他们令世人瞩目的亮点。 "近朱者赤，近墨者黑"，要注意远离品德卑劣的强者。

运用他人智慧

一个公司在起步阶段，资源会十分缺乏，这时就需要领导者具备整合社会资源的能力和雄才大略，将最好的人才、最好的策划、最好的设计等整合到自己的团队。你不用，别人会用，竞争对手也会抢。刘邦之所以能得天下，是因他知人善用：运筹帷幄用最有智慧的张良，治国安邦用最有谋略的萧何，打仗用最善战的韩信，马夫用最勇敢的夏侯婴。如果张良、萧何、韩信等人为项羽或齐王、燕王所用，刘邦可能会失败。

通用汽车公司前总裁斯隆曾说："把我的财产拿走，但把人才留给我，5 年以后，我将让被拿走的东西失而复得。"这句话说明，一个人只要善于用人，必然会成功。

西尔斯原本是一个代客运送货物的小商人，后来他开起一家杂货店，主打邮购业务。他做了 5 年，生意仍无起色，每年只有三四万美元入账。他想，必须与人合作，借助他人的力量，才能把生意做大。

凑巧的是，不久他就遇到了一个理想的合伙人。一天晚上，他到郊外散步，遇到了一个骑马赶路的人向他问路，此人名叫罗拜克，想到圣保罗去买东西，不料途中迷了路，折腾了许久，人和马都困顿不堪。

西尔斯把罗拜克请到他的小店中住宿。当晚，两人各抒己见，不谋而合，于是决定合伙做生意，成立一家合资公司，即西尔斯·罗拜克公司。西尔斯有 5 年经验，罗拜克实力雄厚，二人联手，如虎添翼。合作第一年，公司的营业额达到 40 万美元，比西尔斯单干时增长了 10 倍。

西尔斯和罗拜克都不懂经营管理，生意越做越大，两人都有力不从心的感觉。他们决定寻找一个总经理，帮助二人打理生意。他们找到了一个合格的总经理人选。这个人名叫陆华德，擅长经营管理。他们把公司大权全部授予陆华德，自己则做起了幕后人。陆华德严把进货质量关，坚决拒绝劣质产品，保证卖给顾客的每一件商品都货真价实。那些厂商认为陆华德对质量的要求过于苛刻，竟联合起来，拒绝向公司提供货品。但西尔斯赞同陆华德的做法，给他打气说："你这些日子太辛苦了，如果能少卖几样东西，就当轻松一下好了。"受到鼓舞，陆华德更加坚定了严把质量关的决心。那些厂商见其意志坚定，担心生意被别的供货商抢走，最终认同了他的做法。

西尔斯·罗拜克公司因此生意兴隆，10 年之中，它的营业额增长了 600 多倍，高达数亿美元。西尔斯作为一个外行，却能在 10 年间，从一个微不足道的小商人，变成一个全美国知名的大富豪，全赖于借力他人。他的用人手段其实很简单：找到一个值得信赖的人，然后授予全权。这是知人善任的体现。

古人云："用师者王，用友者霸，用徒者亡。"成就大事的人都知道个人的能力再强也是微弱的，"三个臭皮匠顶个诸葛亮"，团结一致，众志成城。

王雪红就是这样一位借力生财的成功者。她是创业和投资圈内少见的女性，在男性为主导的高科技世界里，王雪红却创造了自己的成功。

王雪红究竟是怎样走向成功的呢？

善用人才，是她成就大事业的秘诀之一。她积极吸取他人智慧，借鉴经验，从而率领企业开拓更好的前景。她的手下大都是职业经理人，并且许多是能力非凡的工程师。这得益于她有识人之明，并且真正做到授权，最大限度地运用他们的才智。例如，她手下的陈文琦、林子牧，都是加州理工学院电机硕士，他们创业时与股东意见不合，失意时被王雪红发现，加入了王雪红购买的一家美国公司 VIA。从此，陈文琦进行策略规划，王雪红负责开发市场，林子牧在美国研发新产品，三人合力拼出一片天地。随着一个接一个下属企业的创立，王雪红的事业形成规模。

王雪红就是一位善借他山之石，为自己攻玉的人。她充分借助下属的能力，利用下属的智慧，从而成为台湾的女首富。

成败也靠间接的关系

很多人都认为，只要努力工作，取得业务实绩，赢得上司的赏识和老总的欢心，加薪升职就指日可待了。他们对于那些一般行政人员却缺乏尊重，认为得到他们的协助是理所应当的，所以平常对他们横加指责，甚至会对他们颐指气使，拍桌瞪眼，把人际关系学抛到九霄云外。这种认识是十分错误的。

林宇刚参加工作一年，老板就对他赏识有加。在总经理办公室工作的这段日子里，他勤奋工作，同时暗暗琢磨总经理的性格和工作习惯，渐渐对总经理的想法了如指掌。往往总经理准备做什么事，还没发话，他就猜个八九不离十，已提前做好准备，如此自然很受总经理的赏识。当然，在总经理面前，他说话的语气和内容，他的每一个细微的动作，都表现出对总经理的万分尊重。他也很尊重其他高级主管，因为他知道总经理最信赖这些高级主管，而这些高级主管的话常常会传到总经理的耳朵里，如果他们能不时为自己向总经理美言几句，则胜过无数努力。即使对公司那些地位不是很重要的基层小主管，他也表现出了恰如其分的尊重，因为他明白这些人都有升职的潜力，会成为对自己有影响的人，自己表现出应有的尊重自会有回报。但他对和自己同等地位的普通职员可就没有那么好的耐心了，他经常无视他们，甚至对同事冷嘲热讽，自视甚高。同事们渐渐地也不屑搭理他，甚至暗地咒骂他。

一年后，传出林宇将有幸升至总经理助理的消息。林宇不免心中暗喜，连那些在背后说他坏话的同事也认为这次他定会成功了。然而，发生了一件事，让林宇不但丧失了晋升的机会，还被打入了"冷宫"。公司的传达室有一位长相丑陋、左臂残疾的姑娘，林宇怎么看她都觉得不顺眼，当他听说那位姑娘竟拿同他一样的薪水时，顿时火冒三丈。一天，那位姑娘到总经理办公室送报纸，林宇仗着自己受赏识，便想戏弄她一番。他接过报纸后对那位姑娘说："你一只手臂，也配拿同我一样多的薪水？"那位姑娘摔门离去，哭泣不止。林宇的同事暗中窃喜，他们心知肚明，那位残疾姑娘是总经理的表妹，但谁也不告诉他。林宇受挫后终于明白，要尊重自己周围的所有人，而不是一部分人。

史坦芬·艾勒说过这样一句话："把鲜花送给身边的'实力人物'，即使他们看来只是你心目中的小角色。"哪怕他们不过是毫不起眼的秘书、家庭主妇，甚至是天真无邪的少年，也不要放过结交他们的机会。情义和信任，也会带来利益。说不定，这些"小角色"会让你时来运转。

　　第一天进公司，杨程就发现，公司的门卫王老先生是个不俗的人。他后来得知，王老以前是人事部的主任，已经退下来了，自己不愿在家，主动要求看大门。同事们都说："这老先生也太奇怪了，明明都退休了，再回到工作的地方，是想再让大家奉承吗？他的位置已经有人接替了，这不难为我们下属吗？"所以，大家一边当面称"主任"，一边在心里鄙视他。

　　一天，杨程像平常一样进公司跟看门主任打招呼时，发现这老主任手捧一本《周易》，就忍不住过去攀谈了几句。就这样，两人因《周易》而结缘。随着交往的增多，杨程发现，这位老先生来看大门纯粹是为了打发时间，于是杨程更加尊重他并喜欢与他交流。

　　时光如梭，杨程由部门主管一步步升为经理、总监，他原以为，这都是自己在为人处世时遵照《周易》办事的结果。但有一天，他听到有人悄悄议论说，别看他杨程进来得这么晚，爬得倒不慢，就是因为搭上了贵人。管人事的总经理的父亲，就是看门的老主任！

不论是对公司的领导，还是对普通职工，都要注意自己的一言一行，要和善地对待每一个人，他们也许都会对你的工作和前途产生影响。

不可急功近利

交朋结友，不可急功近利。平时多联系，即使只是简单的问候，亦是交友之道。

现代人的生活忙忙碌碌，缺乏应酬的时间，日子一长，许多原本牢靠的关系就会变得疏远。朋友之间逐渐淡漠，这是很可惜的。我们要珍惜朋友之间珍贵的缘分，即使再忙，也别忘了沟通感情。

有事找朋友，人皆有之，无事找朋友，你可曾有过？一位政治家在回忆录中提到："一位被委任组阁的人受命伊始，心情很是焦虑。因为一个政府的内阁至少要七八位部长，如何去物色这么多的人呢？这实非易事，因为被选的人除了有一定的才能、经验之外，最要紧的一点，就是要和自己有些交情。"

和别人有交情，才容易有机会，不然的话，纵使你有真才实学，别人也不知道。

做人做事，切忌急功近利。

钓鱼就是这样，当人发现钓到大鱼时，他会按捺住心头的喜悦，不慌不忙地收几下线，将鱼拉向岸边，一旦大鱼挣扎，便又放松线，让鱼游窜几下，再慢慢收线。如此一收一放，待到大鱼用尽力气，才将它拉近岸边，用提网兜拽上岸。

求人也是一样，如果逼得太紧，别人反倒不会答应。只有耐心等待，才会有成功的可能。

有位董事长的交际方式异于普通企业家：他不仅奉承公司要人，对年轻的职员也平等对待。他总是想方设法地将公司中每位员工的个人信息作一次全面的调查和了解，一旦确认某人确有能力，以后会成为该公司的要员时，不管多年轻，他都会尽心培养。这位董事长这样做的目的，是为日后获得更多的利益作准备。因此，在生意竞争十分激烈的时期，许多企业不是倒闭就是破产，而这位董事长的公司却仍旧生意兴隆。这是他对平常人际关系投资得多的结果。

这位董事长的做法告诉我们，做人做事要有长远眼光，要进行长期的感情投资。

与人方便，与己方便

每个人都有自己与众不同的个性，朋友相处时，因个性不同，常常会产生大大小小的矛盾。当我们面对这些矛盾时，不要以为"狭路相逢勇者胜"，因为胜的同时，也牺牲了友情。《菜根谭》上说："路径窄处，留一步与人行；滋味浓时，减三分让人食。"这便是处理矛盾的一种方法。

生活中，除了原则问题必须坚持外，其他的磕磕碰碰，谦让一下，会带来身心的愉快与和谐的人际关系。

为人处世，遇事要退让才算高明，让一步给朋友方便，也是给自己留下便利。

古时候，有个秀才进京赶考。他一路上只顾思考如何写文章，不小心一脚踩空，掉下桥去，幸好他抓住一棵小树，才没有落入桥底。他大呼救命，这时，桥上走过来一位服饰华美的商人，听到呼声，向下一看，见是个穷秀才，就想："我拉他上来，他肯定没钱给我，再说，我拉他的时候说不准自己也会掉下去呢？"想到这里，商人便离开了。秀才看求救无望，手也没力气了，手一松便坠入水中。因为早夏，河水不深，秀才没淹死。

转眼间冬天到了，那个商人又路过这座桥，大雪初停，桥面很滑，商人过桥时，想起上次看到穷秀才落桥的情景，心中好笑，便自己探身去看。谁知脚下太滑，他也从那个地方掉了下去，正好也抓住了那棵小树，于是，商人不顾脸面地大声呼救。

这时，桥上走过一路人马，其中有顶官轿，这队人马到商人落桥的地方停了下来。轿帘打开，一个身着官服的人走下轿来，恰是当初那位秀才，原来他经过殿试考上了举人，要去一县任职。他听到呼声，回想起当时的情景，便过去观看，当他正要让人搭救时，认出了落桥之人是那个见死不救的商人，心想活该，便命令随从不要理会，上桥前行。这个商人心想："完了，真是报应啊！"天寒手冷，他抓不住树枝，便失手落下桥去，结果运气不好，冬天桥下没水，只露

出碎石头，商人摔断了腿……

其实，人生好比行路，总会遇到道路狭窄的地方。每当此时，你就让别人先行一步。如果你经常让人一步，他人心存感激，也会让你一步，一条小路就会变成大路，变成坦途。你事事不肯容人，别人心怀怨恨，就会设法阻碍你，即使一条大路，对你而言，也是险途。人与人之间往往是心与心的交往，诚心换来的是真情，坏心眼儿换来的是恶报。

人人都有自尊心和好胜心。在现实生活中，如果是不涉及原则的问题，我们为什么不让人三分，显示出君子风度呢？但可惜很少有人这么想，反而因一些鸡毛蒜皮的事争得不可开交，都钻牛角尖，以至于非得决一雌雄才肯罢休。结果是大打出手，最后不可收拾，导致与朋友、同事结怨，甚至反目成仇。

如果在生活中与人产生摩擦，对于一些非原则性问题，给对方一个台阶，满足一下对方的自尊心和好胜心，则可以深化友情。

一个漆黑的夜晚，一位僧人行至一个荒僻的地方，恰遇一人提灯，正从巷道的深处静静地走过来。身边的一位村民说："盲人过来了。"这令他困惑不已：盲人挑灯岂不可笑？僧人于是问："敢问施主，既然你看不见，为何挑一盏灯呢？"盲人说："无灯的黑夜中，其他的人都和我一样'盲'，我点盏灯可照亮别人的路。"僧人顿时有所悟，说道："原来你是与人方便。"那盲人说："不，我是为自己。"僧人愣住了，问盲人："你莫非怕被人绊倒？"盲人说："不是。虽然我是盲人，但我挑这盏灯是给别人照亮，让别人看到我，以避免彼此相撞。"

这个盲人能为别人着想，与人方便，与己方便，所以他能安心地行夜路。

在人际交往中，谁都难免会遇到各种各样"开方便之门"的请求。能助人一臂之力时，就要在不失原则的前提下伸出援助之手。与人方便时，不妨少些私心，多些宽厚。

与人方便就是与己方便，赠予他人想要的东西，能为自己赢得一份宝贵的人情。因为世事艰险，谁也说不准会遇到什么天灾人祸，如果不注意在人生的点滴处留人情，便可能在无形中埋下隐患。

第三章

提升身价，让别人看重你

敢于表达，亮出自己的本事

"沉默是金"的年代，已离我们远去了。现代人如果不会适时地包装自己，把握机会推销自己，就很难有出人头地的机会。

现在许多当红的明星频频为知名品牌代言，这样既为企业争取到名人效应，又推销了自己，并得到不少收入，可谓双赢。

方芳大学时学平面设计，但她被一家广告策划公司聘用负责文案工作。她很不情愿，但又不敢向老板提出自己的想法和期望从事的工作。进公司工作已超过半年，她却还在试用期，每天都面对着计算机，在拼音和五笔的相互切换中过了一天又一天。事实上，她心里真的很想做设计，看着同事们不断拿出广告创意与平面企划后获得奖励，她的内心很不是滋味儿，她觉得自己更胜一筹。她相信终有一天自己会被赏识，然而她又不知该怎样向老板说明她的想法。后来，方芳换了一家新的设计公司，还是从试用期的文案工作开始。结果，直到今天她也没有完成过一个设计。

可见，一味被动地等着上司赏识真是太傻了。很多人在单位里像老黄牛一样默默耕耘了很多年，但还是没有升迁的机会，只好不断埋怨上司，没有多关照一下自己。其实，在这种情况下，也许应该问问自己，是否曾做过一项出色的工作给老板留下深刻的印象？有没有说过令老板惊奇的话？如果没有的话，也就不必埋怨了，因为你从来就不敢在老板面前展现自己与众不同的一面，老板事情那么多，怎么会注意你呢？如果善于抓住时机，在上司面前表现自己，情况也许就不一样了。

美国一家人才调查中心的研究表明，成功人士都会推销自己，这对他们事业的成功具有很大帮助。有人说，谁在推销上占据优势，谁就更适于生存。

有人虽学富五车，却没有胆量去推销自己，还振振有词地说是金子总会被人发现。这不过是自己欺骗自己罢了。金子被埋没在泥土中，也许万年之后，才能够被人发现而大放光芒；而人生短暂，你没有时间等待别人来挖掘你，只有自己努力从"泥土"中跳出来，表现自我，才能获得成功。

世界歌王帕瓦罗蒂初到中国，去中央音乐学院访问。许多有能力的学生都使出浑身解数，以求得在这位歌王面前一展歌喉。要知道，机会难得，哪怕是得到歌王的一句肯定，也足以引起中外记者们的大肆渲染，便可从此跨入歌坛。在学院的一间教室里，帕瓦罗蒂听大家一个个演唱，不置可否。正在沉闷之时，窗外有一男孩儿引吭高歌，唱的正是名曲《今夜无人入睡》。听到窗外的歌声，他异常兴奋："这个学生的声音像我。"接着他又对校方陪同人员说："这个学生叫什么名字？我要见他！并收为门生！"这个在窗外唱歌的男孩儿，就是从陕北山区来的学生黑海涛。以他的资历和背景，本无缘见这位歌王，他只能凭借歌声推荐自己。后来，由于帕瓦罗蒂的协助，黑海涛得以顺利出国深造。1998年，意大利举行世界声乐大赛，正在奥地利学习的黑海涛写信给恩师。于是，帕瓦罗蒂亲自给意大利总统写信，推荐他参加音乐大赛，黑海涛在那场大赛上崭露头角。黑海涛凭着他那善于推荐自己的勇气和不断努力的精神，在音乐道路上取得了成功。

在竞争激烈的社会，我们要想出人头地，就要向别人展示自己。只有适时地展示才能，才会被人发现并得到承认。要大胆地表达自己，推销自己。

无论是找工作，还是晋升，与其坐等伯乐，不如自己推销自己。有了工作，也不要就此止步，而应该勇于自荐。

如果你有能力，在别人都不愿意做的时候，可自告奋勇地去担当。如果成功，你当然是英雄，即便失败，你也学到了宝贵的经验，而且也不会有人怪你，毕竟当初无人敢做。此外，你的自我推销，也替你的上司解决了难题，他自然会对你刮目相看。而最重要的是，这将成为你以后面对更艰难的工作时的经验，也会为你日后的成功奠定基石。

树立形象，你是天生的领袖

在社会舞台上，总有一些人一出场便令人欣赏，一抬首、一顿足就能显出与众不同，并得到团队的认可。我们可以把这种人所具备的人格魅力称为"领袖气质"。　具有这种领袖气质的人或许并非是最高层领导，在任何一个团体中，小到几个人组成的办公室，大到一个集团，总会有这样一个人。

　　恺撒大帝最初是一名负责公众竞赛的官员，后来成名的他组织了一系列的活动：狩猎野生动物、角斗表演、戏剧竞赛等。所以对百姓们而言，恺撒这个名字逐渐和他们喜爱的盛事结合在一起，难以忘记。在攀升到执政官位置的过程中，他的人气越来越旺。

　　公元前49年，内战困扰着罗马。战事紧迫之时，恺撒来到驻扎在鲁比孔河岸的军营。恺撒和他的幕僚们激烈地辩论着选择和平还是战争的问题。恺撒伸手指向河边，仿佛那里有一名高大英勇的士兵吹起军号，引领军队跨过鲁比孔河上的桥。他慷慨激昂地发表演说："按照神的旨意，追随他们的召唤，报复口是心非的敌人。骰子已经掷下了，不容收回！"

　　他的话感人至深，他时时刻刻注重自己的公众形象，一刻也没有掉以轻心。他清楚地知道将领没有下定决心帮助他，然而他在言行中展现出的领袖气质让那些将领折服，让人民深感自己的勇猛。恺撒为所有领袖和权贵们树立了典范。最后，将领们都选择支持他。

　　在战争中，恺撒总是意气风发，身先士卒，他常常以最勇猛的姿态冲向战场，士兵们目睹了他不顾性命地英勇战斗，都以他为榜样。恺撒率军渡过鲁比孔河，打败了敌人。第二年，恺撒成为了罗马的独裁者。

一个注意形象并自觉保持好形象的人，常能令人信任，能在逆境中得到帮助，也能在人生的旅途中获得成功。他们做到时刻用自己的魅力感染人们，让自己成为人们心目中的领袖人物。

　　所以，好形象是人生的一种资本，充分利用它不仅使日常生活丰富多彩，更有助于形成你的领袖气质。

　　据传，隋末唐初，天下刚定，一代剑侠虬髯客想与大唐共分天下。虬髯客听说大唐的顶梁柱李世民是个了不起的英雄人物，便想亲自去见识一下。如果传言非虚，自己若无把握战而胜之，为天下百姓着想，就隐居山林，把天下让给李世民；如果李世民只是浪得虚名，再与他争天下不迟。

　　李世民平时喜欢下围棋，这天他正在书房研究围棋，虬髯客飘然而至，李世民驰骋沙场多年，对奇人异士见怪不怪，虽然早就听说虬髯客剑术通神，但却处变不惊。虬髯客说要与李世民下局围棋，并拿起4颗棋子，分别下在四个星位上，意味深长地对李世民说道："我虬髯客雄霸四方！"李世民一听虬髯客这话暗藏机锋，便知来意。李世民略一沉吟，对虬髯客微微一笑，拈起一颗棋子放在天元的位置上，对虬髯客说道："我李世民夺魁天下！"虬髯客心头一震，自知自己无法企及，从此率部退出中原，不再争天下。

　　在现代社会中，越来越多的职场人开始关注如何树立个人形象，如何培养自己的领袖气质。可是树立权威形象，培养领袖气质，却并非易事。如果我们在日常工作中能够注意以下几点，将有助于自己培养领袖气质。

1. 诚实守信

"人无信不立"，答应了别人，就不要食言；一旦别人发现你开的是"空头支票"，说话不算数，就会厌恶你。"空头支票"不仅给他人增添了麻烦，而且也损害了自己的名誉。只有守信的人，别人才会信任你，你的事业才有望发展壮大。

2. 认真对待身边的每一个人

要想得到别人的重视，树立自己的权威形象，就要关注别人。我们每个人都想成为重要人物，一旦你帮助别人实现了这一梦想，别人当然会对你感激不尽。当别人优于你时，就让他感受优越。你要让你遇到的每个人倍感自己的重要。

3. 顾全大局

一个人待人处事如果只从自己的利益出发，那就很难被人认同，更谈不上在他人心目中树立自己的权威形象了。如果一个人眼中只有自己，没有从大局考虑，他的行为自然得不到大家的认可。其实这种情况常常发生在我们身边，因为人总是会不自觉地从自己的角度出发来考虑和处理问题。当你学会关心他人时，你就能得到大家的信任。

懂得互利，被利用也不错

人际交往的最高境界就是互利，而非单方面的索取。

事实上，无论是私人交往，还是业务关系，若能坚持互利，对双方都有益。所以，一个真正聪明的人，在他认为必要时，会乐于被人利用。

　　小莉是一个小城的青年女演员，不但人长得漂亮，而且演技好、能力强，刚刚在电视上崭露头角。为了更好地发展，她非常需要一家公共关系公司为她在各种报刊上刊登宣传文章，但是她没有钱，也没有机会。

　　后来，经朋友介绍，她认识了王经理。王经理曾经在一家规模极大的公共关系公司工作，不仅熟知业务，而且有较好的人脉。几个月前，他自立门户，并希望能够打入有利可图的公共娱乐领域。但是到目前为止，有名的娱乐界人士都不愿与他合作，他的生意主要还只是一些小买卖和零售商店。小莉与王经理相识后一拍即合，立即联手。小莉作为这家小公司的代言人，而王经理则为小莉提供出头露面所需要的经费。这样，小莉不仅省下不少花费，而且使自己的知名度进一步扩大。而王经理也借助小莉的名气变得有名了，很快就有一些有名望的人找上门来。二人各取所需，他们的合作关系也因此变得更加牢固。

成功，有时需要依赖别人，因此在某些时候，聪明的人要甘于被人利用，在被他人利用的同时，顺便也实现了自己的目标。

如果对方是个没用的人，你可能不屑与之为伍；如果你是一个没用的人，对方也不屑结交于你。没有人认为你的付出是理所当然的，你所得到的东西，必然是你所付出的东西交换而来的。我们在人际交往中，必须注意这种等价交换，让别人觉得你有价值，愿意与你交往。在充满竞争的社会中，人际关系大部分都建立在"他有何用"之上。

因此，我们不可追求所谓的"单纯友谊"，也不必抱怨别人是多么势利；作为职场中人，更不应该寻找借口肆意开脱，因为你存在的理由就是被利用，而你作为一个职员所负的使命，就是为公司带来更大的利益。你要做的，应该是多想一想自己有什么用。

于岩是个活泼的小伙子，也很喜欢交友，大学毕业后进入机关工作，尚处于试用期。在工作中，他很佩服那些有能力的同事，而且也希望别人接受他。但当他靠近同事的时候，有些人对他似乎并不太热情，甚至很冷淡。起初，他感到困惑。有一次，他听到有同事在背后议论他："于岩对我那么好，估计是想从我这里学到一些东西，他对我却没任何帮助，帮他还不如帮老刘处长的外甥呢。""就是！"其他人也附和道。

同事所说的"老刘处长的外甥"是于岩的同学，毕业后一起来到这儿。单位只有一个名额，而这两个年轻人都还处于试用期，最终只能留一个人。

于岩得知后，非常生气。他气愤那些同事们都是些势利小人，同时他也明白了，同事并不欠你的，有些人之所以对自己不感兴趣，是因为自己还不具备让人感兴趣的能力与价值。于是，于岩努力工作，还利用假期参加职业进修班提高自己的专业技能。在接下来的工作中，他不断创造业绩，很快地受到了领导的器重。从前冷漠的同事们，也渐渐开始对他表示好感了。

最终，大家认同了他，而那个老刘处长的外甥被淘汰了。

心理学家认为，互利是人际交往的基本原则。虽然我们的社会提倡奉献和利他精神，但现实中，很难要求所有人都做到这一点。

单位重人才，但怕你不能增值；领导不怕你耍脾气、使性子，就怕你没有能力。社会竞争这么激烈，你只有善于发现自己的优点和长处，并不断提升自己的能力，才能产生相应的价值，不断成长，不断提高。

适当隐藏，学会装神秘

聪明人如果想得到别人的尊敬，就不应该让别人看出他的底细。让别人知道你，但不要让别人了解你；没有人知道底细，也就没有人感到失望。你要隐藏好自己，不要一开始就展示你的全部，要胸有城府。

婉芸大学毕业后被一家公司聘用，她的第一次露面，就让所有人眼前一亮。她胳膊上搭着最新款的名牌包，颈项间戴着玉佩挂坠，装束简洁而高雅。

同事们悄悄地议论着："看她这身行头，一定是出身不凡。"他们都纷纷猜测，但婉芸自己什么也不说。每次她给家里打电话时，同事们总会觉得她十分有教养，让人感到她的家世非同一般。不久，就有传言说她是高干子弟。

婉芸确实非同凡响。她的业绩好得让人嫉妒，轻松地拉来许多客户。有些大客户还会请她赴宴，但她却很少答应。大部分时间，她都喜欢独自赏画、听古典音乐或阅读世界名著，气定神闲，举止高雅。可实际上，婉芸的家庭很平凡，父母由于前几年单位效益不好早已退休。但她的神情总是显得从容闲适，言谈举止温文有礼。她初来公司的衣装还是借用的，但她却成功地引起了同事们的关注。

尽管婉芸从未编造过关于自己身世背景的谎言，对于传言也不予理会，不置可否，但她利用了"神秘感"，引起了他人的关注，让他们对自己抱有极大的兴趣。

一位俄罗斯专家曾深有感触地说，普京的优势之一就是具有神秘感。一方面，他使很多人都感到他平易近人，胸怀坦荡；另一方面，大家又觉得看不透他，对他很好奇。而普京也十分善于吊人胃口，总是一点一点地把自己的事情说给大家听，每次都是适可而止。正因为如此，他才得以在叶利钦时代复杂的形势中平步青云。

法国前总统戴高乐曾说过，真正的领袖人物一定要保持神秘，有时则要沉默寡言，他本人也正是这样做的。戴高乐和普京的政治智慧迎合了人们的心理：对神秘的事物，人们总是怀着兴奋的感觉；这些"神秘人物"最细微的言行，都会引起人们的注意。

小说《麦田里的守望者》风靡全球，有一个很重要的原因：这本书的作者塞林格善于制造神秘感。他自己隐居在山里，不与外人接触，反倒更加激起媒体了解他、报道他的热情。

如果你仔细观察会发现，一些成功人士十分善用这个方法，那就是制造神秘感，给自己笼罩上一层光环，不会轻易让人看透，让人充满好奇。 在社交活动中，你可以制造悬念，不要过早地和盘托出。 例如，假如你是一位厨师，可以把话题引到烹调方面，但不要直言你是厨师，不要马上说出所有的情况，而是让别人产生追根究底的欲念，增强你的神秘感。 给自己制造一点神秘感，"犹抱琵琶半遮面"，这是一种推销自己的有效手段，也是走向成功的重要法宝。 在日常生活中，我们常常会看到一种情况：有些男孩子在与女孩子谈恋爱时总是不太成功，其中一个普遍性的问题，就是这些男孩子不懂得制造神秘感，自己的优缺点三下两下就和盘托出，让女孩子一下子就把自己的底细看透了。 这会让女孩觉得这样的男孩没什么内涵，这些男孩自然很难成功。 同样的道理，有些女孩子虽然长得很漂亮，但却并不令男孩子喜欢，最主要的原因就是没有神秘感。 众所周知，男孩子的天性好斗，竞争者愈多，他愈兴趣盎然。因此，不要对男孩子有求必应，要适时地拒绝，保持一种神秘感。

没有伯乐，就要造势

走在大街上，当我们看到一家家服装店或是餐厅时，感觉它们都是类似的。 确实，它们的商品大多数是相同的，但如果仔细观察，你会发现，凡是顾客盈门的，都在品牌意识、店面装修、顾客接待与企业整体形象上，有自己的优势。

从某种意义上说，人也是如此。 只要认清了自己的才华，你也能塑造出与众不同的形象和独特的品牌，很多时候，这也是你的卖点。

据余秋雨的《文化苦旅》一书的责任编辑王国伟说，在他拿到书稿之前，这本书稿已遭两家出版社退稿，他决定出版之后，征订数也只有区区1400本，也就是说没有达到最低开印数。于是，他们发动传媒造势，书出版前后一个月间，在全国各地主要报刊发表了300多篇评论稿。结果一炮打响，出现了"洛阳纸贵，一版再版"的现象。

当然，余秋雨的书的确不错，可"造势"依然有功。虽然是金子总要发光，但是发光的早晚对一个人来说至关重要，也许一不小心，就错过了大好年华。

其实，在商品社会，人也是具有不同价值的商品。所以，年轻的你应该懂得适度地自抬身价，使得其他人肯定你的价值。有时候人有一种奇妙的心理，通常情况下，都更愿意相信价格昂贵的商品，认为"一分价钱一分货"。因此，你如果低价定位自己的身价，只会让人看不起，而把身价提高了，便会引起他人的重视。

·

唐朝诗人陈子昂少时聪颖，自己明白所学已经达到应试的要求，于是进京求取功名。但到了长安以后，由于人地生疏，又没有权贵人士推荐，别人注意不到他的诗文，遂落落寡欢，郁郁不得志。

一天，陈子昂在街上闲逛，看见一位卖胡琴的人索价百万钱，很多豪门子弟、文人学士都在议论古琴的价值，却谁也不买。陈子昂突然跑过去，吩咐手下人照价付钱把琴买下来。众人见状大吃一惊，争问这把琴的底细，陈子昂高声说："此琴名贵，我又善操此琴，所以不吝惜花费高价也要买下

它。"有人问："你可以操奏一曲让大家品评吗?"陈子昂说:
"当然可以,各位若有兴趣,明天中午请到宜阳里来,我会
献丑为你们试奏一曲。"

次日正午,在宜阳里聚集了很多文人学士和豪门子弟,
欢宴嘉宾的酒席已经摆好。陈子昂与这些豪门子弟、文人学
士应酬过后,捧着古琴,当众宣布:"我是蜀中的文士陈子
昂,写了不少诗文,自信都是精彩的作品,只因初到贵地,
不为人知。现于操琴之前,特为各位朋友朗诵拙作一篇。"
因陈子昂文采好,听众大为敬服他的诗作。忽然,陈子昂的
声音戛然而止,感叹地说:"唉!弹琴只不过是一种娱乐消
遣,并不是我们文人心里所钟情的。这琴虽名贵,对我究竟
有什么作用呢?"说完当场将琴摔碎,随后将自己印好的诗
文遍赠宾客。一时间,陈子昂的豪举及他的诗名传遍了京城
长安,其诗文也被后世传诵。

"人以文传,文以人传。"人与文都须有名才能传世,让人知
晓。要想见用于世,则先要为世所知。古代社会闭塞,人际交流困
难,信息沟通率低,而陈子昂来到人才荟萃的长安,又选定公众聚会
的场所来表现自己的才能,这就使得传播的范围扩大。另外,他还
选取了与众不同的传播手段。首先是所购古琴贵得令人咋舌,但陈
子昂一锤定音,显得鹤立鸡群,身手不凡;接着是设宴迎宾,显得豪
爽好客,当众吟诗,又让自己出众的文才被别人知道;最后,摔琴一
举,更是出奇,显示出陈子昂志存高远,并非平庸之辈,再以诗文谢
宾客,为自己赢得了一批朋友和宣传者。

没有人天生就拥有比周围的人更耀眼的光芒,你必须擅长将最

优秀的一面表现出来，从而让别人了解你、信任你、赏识你。当你数年如一日为工作全力以赴时，却突然发现，自己累得半死，其他人似乎并没有看到，尤其是老板，从未当面夸奖过你。这时，你可能怨天尤人，牢骚满腹。但你一定要懂得，这过错并不完全在于老板，试想想，公司上上下下，里里外外，有多少事要老板操心过问，你没有被发现很正常，因此，你得做个"有声音的人"。

当一件很棘手的任务被你完成了，第一得先向你的老板汇报，让他知道你有一个好脑袋和快刀斩乱麻的能力。如果你只会干活，不一定就能获得老板的赞赏，充其量被认为是干活的机器。所以你必须懂得如何发挥自己的聪明才智，用脑子干活，也就是要善于进行创造性的工作，这样才能给老板留下"你是个人才"的印象。

俗话说："王婆卖瓜，自卖自夸。"如果王婆只是谦虚地说自己的瓜不太好，那谁会买呢？只有展现你的才能，让别人知道你的才华，别人才会对你另眼相看。

学会适应，融入大环境

一个人的身价也就是他的社会地位，要放入社会大环境中衡量。从这个意义上说，所有那些脱离实际、自命清高的思想，都将对我们的身价产生负面影响。中国人讲究入乡随俗，这已经成了一种社会风气，要办好事情，就必须迎合这种风气。如果逆风而上，不能顺应社会风气和潮流，就会失去朋友，失去支持和帮助，从而也就失去了所要依附的社会关系。

一位刚从国外归来的博士到应聘单位办手续，他认为办事员的工作效率特别低，就以国外的情况对工作人员横加评论，还不耐烦地催工作人员快办。工作人员很不高兴，干脆说："今天不办手续了，明天再来办吧。"

这位博士不明白为人处世的道理，他如果说上几句好话，如"初来乍到，请多多关照""我来麻烦你们了，这是我的个人材料，请多多费心"。这样办公室的工作人员也许会加快办事的速度。

当然，做人不能没有原则，但为人处世的方法不应一成不变，顺应环境的变化，才能因地制宜，把事情办好。

小张从某大学毕业以后，经过公务员考试，进入国家基层的机关工作。上班第一周，他就感受到了一种完全不同于学校的氛围。

到单位报到以后，科长把他领到自己的位子，说："你先把这里的情况熟悉熟悉吧！"然后就出去忙别的了。小张一头雾水：既不交代工作内容，材料文件也没有提供，怎么熟悉情况呢？来报到之前，他憋了浑身的劲，决定要干出个样子来，可是现在就像用尽全力的拳头打进了棉花团，甭提那个难受劲了。

慢慢地，小张发现这里的一切都异于自己的想象。所有的人做事都慢条斯理，不慌不忙，即使再紧急的事情也不会引起多大的注意力。这里的人非常重视级别，级别不一样，待遇不用说，甚至于如何说话和做事都不一样。还有，程序特别重要，为了走完程序，有时候会花很多时间和精力，但他们还是不敢越雷池半步。小张很难理解这些现象。

虽然如此，小张仍然保持虚心谨慎的态度，注意观察周围所有的人和事，对谁都不抱成见，努力让自己尽早被集体接受。他渐渐发现，这些在他看来是"俗"的东西，都有它不得不如此的理由。

现在，小张也加入了"俗人"的队伍：做事稳稳当当，尊重比自己级别高的人，对程序一丝不苟，偶尔也说粗话，开一些"格调不高"的玩笑。不过，他并没有忘记自己所受的教育，也没有丧失自己的理想。虽然工作中不尽如人意的地方还有很多，但是小张明白，只有先"随俗"，才能安身立命，然后才谈得上理想和抱负。

事实证明，职场新人要对抗公司里一些对新人不利的风俗习惯，不仅起不了作用，而且往往是搬起石头砸自己的脚。因看不惯而反抗公司的风俗习惯，其结局几乎百分之百是"出师未捷身先死"，即使不被迫"跳槽"，也会令自己灰头土脸。因此，作为职场新人，至少在进入公司的前两年，你是无法改变这类风俗习惯的。评判公司风俗习惯的对错，没有任何实际意义，适应公司的潜规则才是硬道理。

设法赢得大家的重视

抬高自己的身价，最有效的方法就是提高自己在对方心中的重要性。那么，具体该如何去做呢？

如果你的形象在一个团体中已经树立起来了，那么暂时从这个团体中隐退，将会让人们更多地谈论你，你也会赢得更多关于你的称赞之词。聪明的人会在适当的时候离开，通过缺席来达到"地球离开我就不转"的效果。

史蒂夫·纳什是一位相当出色的 NBA 篮球明星，他效力于菲尼克斯太阳队，在 2004 年至 2005 年赛季荣膺常规赛"最有价值球员"称号。

有很多人认为，太阳队之所以有这么强的光芒，不只是纳什出色的缘故，更是因为太阳队能人众多，高手如云。他们有超级马里昂，他们有全联盟效用第一的中锋迪奥，是他们和纳什组成的铁三角给予了太阳队耀眼的光芒。

的确如此，当纳什在太阳队的时候，他身边每个人都拥有十分漂亮的数据，而纳什，他所取得的数据只是和往常一样出色而已，队友马里昂的数据之高甚至让 MVP 纳什黯淡下来。

但是，在纳什受伤后，太阳队在主场迎战西部第一的马刺队时，大大失利。失去纳什的太阳队在第四节一开始就被客队超前 22 分之多，往日豪取 30 多个篮板的马里昂不见了，刚被评上第一效用中锋的迪奥居然成了助政王。事实证明，纳什不在场时，他带走的绝不仅仅是他个人的数据，也让整个太阳队在毫无节奏地奔跑，让强队太阳队在马刺队面前显得不堪一击。他的缺席充分体现了他无可替代的价值。

明代的著名政治家张居正，曾经被政敌们群起而攻之，张居正便递交辞职信给皇帝，表示自己年老体衰，不堪重负，希望可以告老还乡，颐养天年。当时，皇帝也希望张居正退休，以便取得实权，于是便打算批准其申请。但是皇帝突然发现，离开了张居正，很多事情便不能正常进行，最后只得驳回了张居正的辞职信，同时也封了那些状告张居正的官员们的嘴巴。张居正就是用这种方式，让皇帝明白了他存在的重要性。

生活中，这种感觉你必定不会陌生，当你拥有一件东西或一个人的时候，因为你已经得到，所以你并不看重，更不会去珍惜。但当某天，你突然失去那些你本来不在乎的东西时，你才会发觉，原来它们对你而言如此重要。就像纳什和张居正，只有在他们缺席离开的时候，身边的人才会真正发现他们的价值。也许他们并不擅长自我表现，却绝对是整个团队的灵魂所在。

有心计的人总是可以充分利用这一点，巧妙地让所有人都知道他们的重要性。但这也是有前提的，那就是你自身一定要拥有某些比他人强的实力，具备别人所不具备的才能，如此才能通过适时缺席达到"地球离开你就不转"的效果，让大家知道你是一个不可取代的人物。

给魅力加点"磁性"

美国成功学励志专家拿破仑·希尔博士说："真正的领导能力中，最让人敬佩的便是人格。"积极、真诚、守信、勇敢……集这些魅力人格于一身，便会在无意间吸引许多人，并让这些人甘愿追随。

封建社会的统治者为了让君权更加稳固，经常极力美化自己的人格："神圣者王，仁智者君，武勇者长，此天之道、人之情也。"统治者使人民相信自己的人格是完美的，自己即代表着伟大、睿智、圣明、仁德和英武。可见，封建统治者非常重视提升自己的人格魅力，以此来加强自己的精神感召力和影响力，让人们打心眼儿里愿意成为自己的追随者。

人格魅力能创造多大的影响力？时代华纳总裁史蒂夫·罗斯给出了答案。

尽管罗斯的行事作风专擅独裁，但他绝不露出一副高高在上的模样，即使对地位低下的人，也绝不摆出一副盛气凌人的架势。他很少让人感到他妄自尊大，他总能顾及别人应有的尊严。

得力干将达利是这样表述罗斯的亲和力的："罗斯特别重视周围人物的感受，这我们都见过，他和每一位秘书都有过亲切的谈话。如果他离开时忘了向安或玛莉莎（达利的助理）道再见，他会说'天啊！我忘了说再见'，既而返回去和他们说再见。如果由安留在公司替他做什么事情的话，第二天就会有一束红玫瑰放在她的桌上。"为了和公司底层员工打成一片，罗斯可是花了些功夫去做功课。他确实成功了，所有人都从内心深处尊敬他、感激他，并且心甘情愿地追随他。

对于手下的得力干将，罗斯准备了另一套创造信徒的方案。他赋予部门主管绝对的自主权，他告诉他们犯错无妨，鼓励主管要有"自己就是老板"的意识。罗斯言行如一，从不让主管的决策受到干扰，他永远是他们忠实的支持者。这种亲切、温厚、如慈父般的作风确实很得人心。当其他同行的管理层因流动率太高而元气大伤之际，华纳的高级主管一律长期留任，每当他的控制权受到可能的合并威胁时，他手下的主管便群起反对他的对手，从而帮助他度过权力危机。

罗斯知道，要使员工真正成为信徒，还必须给他们触手可及的好处。他运用各种方法将公司的财富与同僚共享，对罗斯而言，那是理所应当的事情。谈起薪资、津贴和福利措施，华纳可说是一应俱全，称得上真正的全能服务公司。罗斯的手下大将因此成为千万富翁，他们对他奉若神明。事实上，他的周遭人士对他不但绝对忠诚，而且近乎个人崇拜。

除去以上几点，罗斯之所以获得人们的景仰，是因为他迷人的梦想以及可以实现梦想的超凡能力所建立起来的良好信誉。"要与罗斯相处，就必须是他忠诚的信徒。一旦进入他的世界——那里强调的是忠诚，你的梦想都能够实现。"

维系人心的重要因素中，有一项就是建立信徒式文化。就拿世界 500 强之一的宝洁公司来说，信徒式文化也产生了良好的效果。长期以来，宝洁公司在挑选新员工时很是细心，雇用年轻人做最初级的工作，然后培养他们成为具有宝洁思维和行为方式的人，再让这些在宝洁文化中成长起来的"宝洁信徒"做中高级管理人员。有着一批这样成长起来的忠实员工，宝洁内部形成了上下一心、团结奋进的气氛，大家群策群力，以公司发展为信念，以信徒式的狂热，将自己的全部力量贡献给公司。

足见，充满"磁性"的人格魅力，是凝聚众人精神力量的法宝。当你带着这样的人格魅力站在人们面前时，即使不费口舌，他们也会紧紧地追随在你身边，为你的目标而奋斗，为你的梦想而努力。

瓦拉赫效应

有一个叫奥托·瓦拉赫的人，中学时，父母决定让他走文学之路，可一学期下来，老师给他的评语为："瓦拉赫很用功，但过分拘泥，这样的人拥有的品德即使完美，也绝不可能在文学上发挥出来。"无奈他又改学油画，但这次得到的评语更加令他伤心："你是绘画艺术方面的不可造就之才。"面对如此笨拙的学生，大多数老师认为他成才无望，但化学老师却很欣赏他并称赞他做事一丝不苟，这是完成化学实验应具备的品格。所以，老师建议他试试化学。结果，瓦拉赫的智慧火花一下子被点燃了，并最终成为诺贝尔化学奖的得主。

这就是人们广为传颂的"瓦拉赫效应"。该效应告诉我们，人的智能不是均衡发展的，都有强项和弱项，人一旦找到自己的智能最佳点，便可充分发挥潜力，取得惊人的成绩。

比尔·盖茨，这位赫赫有名的世界级成功典范，是无数人仰慕的对象。其实，他的成功与他善于发挥自我强项密不可分。

比尔·盖茨一开始就与伙伴保罗·艾伦看出了个人电脑将改变整个世界的趋势，他们两个人经常通宵达旦地探讨个人电脑世界将会是什么样子，深信这是一场必将到来的革命。对于初出茅庐的微软来说，他们坚持"它将到来"这一理念，而他们就是为这将要到来的计算机时代开发软件。没想到，这竟使他们的公司迅速上升到世界舞台的前列，并发挥出非比寻常的作用。早在微软创业之初，他们就发现 IBM 或数字设备这样的主板生产公司已陷入自身无法意识到的困境。"我记得从一开始我们就纳闷儿，像数字设备公司这样的微机生产商，生产出的机器拥有如此强大的功能，价格却低廉，那么他们的发展前景在哪里呢？IBM 的前景又在哪里呢？在我们看来，一切都被他们弄糟了，而且他们的未来也将是一团糟。我们对上帝说，为什么未引起这些人的警觉呢？他们怎么能不震惊、不害怕呢？"

比尔·盖茨的技术知识是微软所向披靡的成功秘诀中最

重要的一条，这也是他的核心优势。他始终保持着对这一领域的决定权。许多时候，与他的对手相比，他可以更清楚地看到未来科技的走势。

微软公司的同事们都盛赞道："是比尔·盖茨的技术让他独领风骚，他总是能提出正确的问题，他对程序的复杂细节几乎了如指掌。"

与比尔·盖茨一样，开发新产品的微软公司全部事业的中心，是不断根据市场需求推陈出新，发挥自身优势，力求变弱为强，深谋远虑，将世界信息产业市场的未来牢牢抓住。微软与其他公司一样，它之所以能够有效运行，是因为微软人将竞争所需的各种技术能力和市场知识结合了起来，并体现在实际行动中。公司存亡和盛衰的关键在于新产品，产品开发是微软所有事业的中心。

人们公认，微软公司的成功与不断创新是分不开的，而比尔·盖茨对未来形势精确的分析和独有的战略眼光，不仅为微软公司的员工，也为其对手所称道。

充分发挥自己个性长处的人，总是受到幸运之神的青睐。正如松下幸之助所言："人生成功的诀窍在于经营自己的个性长处，经营长处能使自己的人生增值，否则，必将使自己的人生贬值。"

第四章

心明眼亮，你可以看透任何人

眼睛告诉你他的心思

"观其眸子，人焉廋哉！"意思是说，想要观察一个人，就要仔细观察他的眼睛。因为一个人的想法常常会包含在他的眼神中。天真无邪的孩子，目光清澈明亮；而心怀不轨的人则眼神混浊不正。所以，世人常将眼睛比作心灵之窗，也作为交往中的关注点。

既然眼睛能映射出人内心的感受，那你是否能在与对方对视时，敏锐地捕捉到他内心的想法呢？

1. 从目光观察对方内心变化

在人们交谈的过程中，如果对方不时地把目光移向别处，则表示他有点漫不经心；如果对方的眼神上下左右不停地转动，不能定住，可能是因内心害怕而说谎。之所以说谎，很可能是有难言之隐。也许是不想失去某个好朋友，而对某些事情的真相有所隐瞒。

另外，和异性视线相遇时故意避开，表示可能对对方有好感；眼睛滴溜溜地转个不停的人，其意志力可能不坚定，容易遭人引诱而三心二意；眼神流露不屑的人，显示其不以为然；眼神冷峻逼人，说明他对人并不信任，心理处于戒备状态；交谈时对方根本不看你，可以视为对方对你不感兴趣，或是不想听你说话。

2. 从瞳孔大小观察对方情绪变化

一般情况下，当人意志消沉时，瞳孔就会缩小；而当人情绪高涨、态度积极时，瞳孔就会放大。 此外，相关资料表明，一个人极端害怕或高兴时，他的瞳孔一般会比正常状态下的瞳孔扩大 3 倍。倘若大家一起玩牌，如果对方的瞳孔放大了，就说明他抓了一把好牌。 假如其中一人懂得这种信号，那接下来要怎么玩，他便心中有数了。

3. 从眼神推断对方个性

眼神可以反映出对方的德行、心地、人品和情绪。 如果对方的眼睛滴溜溜地乱转，很明显，你要小心一点。 不敢与对方对视，显示其缺乏足够的信心，不仅自卑，而且性格软弱；遇到陌生人，不会主动打招呼，即使打招呼也不敢看别人，这样的人一般比较拘谨，在处理问题时缺乏自信，没有什么主见。 当然，如果是一对恋人，躲闪对方的目光就另当别论，那表示紧张或害羞。

"你就是你所穿的"

西方有句俗话："你就是你所穿的。"因为，服装除了能为人们遮羞御寒外，也是展现个人风姿和特色的媒介，它们能够向他人无声地传递你的生活背景和个性特征。 所以，任何人都应注意衣着的价值，它甚至能帮助人们更好地融入社会当中。

例如，在不同职业、不同社会地位的小群体中，人们会通过服装进行区别，也会很自然地要求着装符合自己的职位要求。 就像在众人的印象中，一位办公室的文职人员，应当穿正装，而不是短裤和

T恤。

其实，从心理学的角度分析，不同的服装，常常折射了着装者的不同个性。

1. 喜欢简单、朴素的服装的人

这类人性情沉稳、简单、自然，待人真诚热情。他们在生活和工作中兢兢业业并且勤奋好学，遇到问题常能表现得客观、理智。只是如果过度朴素，则说明这种人太过小气，缺乏对自己的关爱和主体意识，且很容易听命于他人。

2. 喜欢单一颜色的服装的人

这类人刚正不阿，且善于理性思考。选择的颜色越深，则说明此人性情越稳重且有城府，有点让人看不透。他们做事前会仔细考虑，并在想好后突然出击。

3. 喜欢同一款式的服装的人

这类人个性鲜明，爽朗正直。他们做事雷厉风行，并且爱憎分明，时刻遵守自己的承诺，一旦对他人应允什么，就一定会遵守诺言。但缺点是清高自傲，容易孤芳自赏。有时自视过高，容易与他人产生矛盾。

4. 喜欢长袖的服装的人

这类人希望用长袖的衣衫遮挡自己的身体，他们若不是为了遮掩身体上的某些缺陷，则说明是非常传统和保守的人。他们为人处世循规蹈矩，从来不会做出格之事；缺乏冒险精神，但又希望能收获名利。所以，他们有雄心壮志，但是不容易实现。

5. 喜欢宽松、自然的服装的人

这类人不讲究剪裁是否合身、款式如何，只要舒服就好。 他们多是内向的性格，有时显得非常孤独。 他们虽然很想与他人交往，但是往往会畏首畏尾，在人际交往中，他们很少左右逢源。 这类人性格比较害羞、胆怯，不容易接近别人，也不易被人接近，但一旦有了朋友，一定是真心的。

所以，在与人接触的过程中，当你不了解对方时，可以先观察他的着装，这往往是你走进对方内心世界的好方法之一。

化妆是内心妆容的外在表现

提到化妆，尤其是女性朋友们，都习以为常。 运用化妆品，采取一定方式，对面部、五官及其他部位进行描画、修饰，可以调整面部形色，掩饰缺陷，让自己精神焕发。

事实上，化妆不仅是提升形象的有效手段，还是人们观察他人内心世界的手段之一。

1. 有的人喜欢淡妆

这样的人大多没有太强的表现欲，默默无闻。 她们只要求能过得去，简单地涂抹一下，使自己不丑就可以了。 她们大都属于聪明和智慧的类型，不会将时间和精力都耗费在梳妆台前；常常心中有数，而且敢打敢拼，所以大多能获得成功。 她们最希望的是别人尊重、理解和支持她们。

2. 有的人则喜欢浓妆

与喜欢淡妆的人相反，这样的人很喜欢表现。 她们将各种化妆品涂抹在自己的脸上，并用各种方式修饰五官，为的是让他人注意到自己，而异性的欣赏会让她们很开心。 前卫和开放是她们的思想特征，她们对一些大胆和偏激的行为保持赞赏的态度。 她们真诚、热忱，一些恶意的指责并不能让她们消沉下去。

3. 有的人不喜欢化妆

唐代诗人李白的佳句"清水出芙蓉，天然去雕饰"，就是形容她们的，而这种自然美往往会给人以清新之感。 她们不从表面上看问题，会静心探究事物的本质，看人也会仔细判断。

4. 有的人从小就开始化妆

这样的人会将自小养成的化妆习惯延续一生。 她们现在化妆，其实多是一种怀旧心理在作祟。 她们怀念美好的过去，并通过化妆的方式暂时忘记现实中的烦恼和不如意。 但她们依然头脑清醒，不会沉迷其中而忘记现实。 她们讲求实际，会极力注重现在的一切。她们热情善良、善解人意，拥有很多真心的朋友。

5. 有的人会把绝大部分时间用来化妆

这样的人为了完成自己的目标会竭尽全力。 她们做任何事情都追求尽善尽美，属于典型的完美主义者。 她们倾尽所有，也要让自己完美漂亮，最主要的是，她们对自己的才智和财力满怀信心，而唯一放心不下的就是自己的外貌。 为了成为一块无瑕美玉，她们只好不停地审视自己，用化妆来掩饰不足，结果反而暴露缺陷。

6. 有的人化妆时特别着意某一处

这样的人通常很了解自己，对自己的优点和缺点一清二楚，善于扬长避短。她们满怀信心，坚信付出就会有回报，所以会脚踏实地为自己的目标奋斗。她们讲求实际，注重现实，不会沉湎于不着边际的虚幻之中。她们遇事镇静沉着，对事情的处理坚决果断，但不能纵观全局，常常收获很小。

7. 有的人喜欢化怪妆

喜欢化怪妆的人往往是为宣泄情感。她们通常具有强烈的反抗心理，主要是自小受到家庭的溺爱，以自我为中心，但现实生活每每与她们的愿望相悖，所以她们会用一些非常规的思想和行为反抗环境，但结局往往是失败多于成功。

手提包的小秘密

提包是多种多样的，人们可以根据自己的喜好进行选择。一般来说，选择的提包比较大众化的人，其性格也比较大众化，或者说没有什么个性。他们在很多时候都是随大流，大家都这样选择，所以他们也这样选择，没有自己的看法。人们往往能够根据一个人对于手提包的不同偏好，来看出一个人所具有的个性特征。

1. 喜欢休闲式手提包的人

选择的提包多是休闲式的人，可以看出他们的工作灵活性很大，自由活动的空间也非常大。 正是由于这样的原因，再加上先天的性格，这类人生活得很惬意。 他们对生活的态度比较随意，对自己的要求不是很高。 他们比较积极乐观，也有一定程度的进取心，能很好地安排工作、学习和生活，做到劳逸结合，能够在比较轻松惬意的环境中，做好自己的分内之事，并取得一定的成就。

2. 喜欢公文包的人

如果选择的提包多是公文包，那么从侧面反映了提包主人工作的性质。 他们可能是某个企事业单位的总经理，如果是普通职员，也是在比较正规的单位。 选择公文包也许是工作性质使然，但其中多少也能表现此种人的性格特征。 这样的人大多数办事细致小心，对人也会相当严厉。 当然，他们对自己的要求更严格。

3. 喜欢方形手提包的人

有小把手的方形或长方形的手提包，有时是一种饰品。 这种手提包外形和体积都相对比较小，所以不是很实用。 喜爱这一款式手提包的人，多是没有经历过什么磨难的人。 他们比较脆弱，遇到挫折喜欢逃避。

4. 喜欢肩带式手提包的人

喜欢肩带式手提包的人，相对独立自主，但在言行举止等各个方面却相对传统和保守。 他们有相对自由的空间，但空间不大，交际范围不广，朋友也不是很多。

5. 喜欢小巧精致手提包的人

小巧精致、里面可以装点小东西的手提包不实用，一般来说，它是年纪比较轻、涉世不深、比较单纯的女孩子的选择。但如果已经过了这样的年纪，已是成熟的成年人了，还热衷于这样款式的手提包，说明这个人有积极的人生态度，对未来充满了美好的期待。

6. 喜欢具有浓郁民族风情手提包的人

比较喜欢具有浓郁民族风情的手提包的人，很强调独立自主，是个人主义者。他们个性突出，往往有着与众不同的衣着打扮和思维方式。有些时候表现得与他人格格不入，所以说，在营造良好的人际关系方面有一定的阻碍。

7. 喜欢超大型手提包的人

喜欢超大型手提包的人，性格多是开放洒脱的。他们很容易与他人建立某种特殊的关系，但这种关系也会很容易破裂，这也是性格使然。他们的生活态度太散漫，缺乏必要的责任感，什么也不在乎，并不是所有人都能接受和容忍的。

8. 喜欢金属制手提包的人

喜欢金属制手提包的人，多是比较敏感的。他们紧跟时代潮流，对新鲜事物的接受能力很强。但是这一类型的人，在很多时候自己不会轻易付出很多，而总是希望别人能够付出。

9. 喜欢中性色系手提包的人

喜欢中性色系手提包的人，其表现欲望并不是很强烈。他们默默无闻，目的是减缓压力。他们凡事得过且过，比较懒散。在待人方面，喜欢保持相对中立的立场。

10. 不习惯带手提包的人

不习惯带手提包的人，则要分情况来看：一种可能是因为他们比较懒惰，觉得带一个包是一种负担，太麻烦了；另一种可能是他们渴望自主，希望能够独立，而手提包会在无形当中造成一些障碍。这两种人都认为手提包很麻烦，由此可以看出这类人的责任心并不是特别强，他们不希望担责任。

吸烟的方式显性格

心理学认为，吸烟方式可以有效反映出吸烟者的个性。

有的人喜欢吸焦油含量比较低的香烟，这样的人知道吸烟有害，想把烟戒掉，但又控制不住自己，所以选择低焦油含量的香烟。这样既减轻了吸烟损害身体的程度，同时也使自己获得了满足。 从对香烟的态度上，可以看出这一类人的基本性格特征：他们缺乏决断力，凡事不能果断选择，总是顾虑重重；不肯也不轻易地放弃什么，多采用折中的办法使事情得以解决。 这种人没有坚定的信念，在遇到挫折和磨难的时候，总喜欢为自己找各种理由退却。

有的人喜欢吸无过滤嘴的香烟，这样的人大多诚实可信，为人实实在在，人格魅力很突出。 他们是很现实的人，不会把时间和精力花费在毫无价值的事情上。 他们会以一种非常积极和乐观的态度享受生活，但对于不尽如人意的结果，他们也会感到后悔。

现代都市生活紧张繁忙，自己卷烟抽的人少之又少，只有一些比较偏僻和落后的小山村里还有人卷烟。 那些在小山村里的人卷烟抽，很可能是由经济落后所致。而还有一些人，他们生活殷实，但还热衷于自己卷烟抽。这样的人多有耐性，但很固执，并不会轻易接受他人的见解，有点死不认错、不肯低头的牛脾气。

说到抽烟，其实很多人都会，但到最后却有人抽烟，有人不抽烟，其关键取决于本人的意志。有些人并不是为了纯粹的抽烟而抽烟，而是为了达到某种目的，或是为了交际应酬，或是为了让他人注意到自己。这样的人过于注重形式化、表面化的东西，虚荣心强，显得肤浅而不自信。

喜欢用烟嘴抽烟的人虚荣心和自我表现欲极强，但这样的人缺乏安全感。所以与他人都是泛泛之交。这样的人也不太自信，总想借助外物让自己看起来稳重一些。

有的人喜欢在电梯里吸烟，这样的人是想通过这种方式来表现自己的控制欲望。如果一个人需要用这种方式获得自我满足的话，表明他比较自私，为自己考虑得较多，而基本上不为他人着想。他们习惯于以一种对他人藐视的态度来确定自己的地位，这会遭到他人的反感，所以并不容易营造出良好的人脉网。

没有去过国外，却对外国烟情有独钟，而且养成了抽外国烟的习惯，说明这个人表现欲和虚荣心比较强，爱出风头以吸引别人的目光。

口头禅诉真心

经常使用"果然"的人，自视甚高，强调个人主张。他们常以自我为中心，很少考虑他人的想法。

经常使用"其实"的人，表现欲较为强烈，希望他人注意到自己。 他们的性格大多比较任性和倔强，并且多少有些清高。

经常使用流行词汇的人，热衷于随大流，喜欢夸张。 这样的人不够独立，没有自己的主见。

经常使用外语的人，虚荣心强，爱表现自己。

经常使用地方方言，并且还心安理得的人，自信心很强，具有独特的个性。

经常使用"这个""那个""啊"的人，说话办事小心细致。 这样的人就是我们所说的好好先生，他们绝对不会闹事。

经常使用"最后怎么样怎么样"之类的人，大多是某些想法没有实现。

经常使用"确实如此"的人，多浅薄无知，自己却浑然不知，还常常不以为然。

经常使用"我"之类词汇的人，不是软弱无能，老想他人帮助自己，就是虚荣浮夸，寻找各种机会表现自己，以吸引他人的眼球。

经常使用"真的"之类强调词汇的人，大多缺乏自信，害怕别人不相信自己说的话。 遗憾的是，他们这样再三强调，反而让人反感。

经常使用"你应该……""你必须……"等命令式语句的人，大多控制欲强，有领导欲望。

经常使用"我个人的想法是……""是不是……""能不能……"之类的人，一般善解人意。 待人接物时，也能做到客观理智，冷静地思考，认真地分析，然后正确地判定。 不独断专行，能够充分尊重别人，同样也会得到别人的尊重。

经常使用"我要……""我想……""我不知道……"的人，大多思想单纯，意气用事，容易情绪化。

经常使用"绝对"这个词语的人，做事十分草率，仅凭自己的看法推断。 他们不是太缺乏自知之明，就是太有自知之明。

经常使用"我早就知道了"的人，自我表现欲强，喜欢自己当主角。 这样的人绝对不可能安静地听他人讲话，更不要指望他能成为一个热心的听众。

另外，口头禅出现频率极高的人，大多办事不干练，意志有点脆弱。 有些人，说话时没有口头禅，这并不代表他们从未有过，可能以前有，只是以后慢慢不说了，这说明他们意志坚强，说话讲究简洁明了。

如果你想从口头禅上更多地观察身边的人，从而了解他们，那么你就要在与他们打交道的过程中花费心思，每时每刻仔细认真地揣摩。 用不了多长时间，你就能迅速从口头禅上了解他们的性格。

人如其字

1. 字形方正，稍小，与众不同，尤以萎缩或扁平字形为多。 字迹大多各自独立，无草书，笔压强劲；字的角度不固定，但字体很清晰。

有此类书写特征的人气量较小，凡事缺乏自信，不果断，很容易受到别人的影响，性格神经质。 但与此同时，他们有把握和控制事务全局的能力，能统筹安排；为人和善、谦虚，善解人意，体察他人；凭直觉办事，不喜欢推理，执着顽固，做事易走极端。

2. 字体较大，笔压无力，字形弯曲，不受格线限制，风格独特，容易变成草书；有向右上扬的倾向，有时也会向右下降，字体有点潦草。

有此类书写特征的人和蔼可亲，平易近人，善于社交活动，为人体贴、亲切；气质方面具有强烈的躁郁质倾向。另外，他们待人热情，兴趣广泛，思维开阔，做事雷厉风行，但不拘小节，缺乏耐心，不够细致。

3. 字形方正，一笔一画，与上述类型不同，为有规则的平凡型，没有特别之处，字迹独立工整，字形一贯，笔力十足。

有此类书写特征的人凡事拘泥谨慎；做事循规蹈矩，但行动有些缓慢；意志坚强，热衷事务；说话唠唠叨叨，没有幽默感，有时会因情绪激动而采取过激行动。

他们精力比较旺盛，为人有主见，个性刚强，做事果断，有毅力，敢于大胆创新，但主观性强，固执。书写笔压轻者缺乏自信，意志薄弱，有依赖性，畏首畏尾；笔压轻重不一者，则想象力较强，但情绪不稳定，做事优柔寡断。

4. 字形方正，一笔一画，笔压有力，笔画分明，字字独立，字大小不一，距离不对等，个性独特，但笔迹并不潦草。字的大小虽有不同，但一般而言，显得较小。

有此类书写特征的人不善于交际，属理智型。他们处事认真，但稍欠热情；对于有关自己的事很敏感、害羞，不太关心他人，反应有些慢；气质方面具有分裂倾向。

一般情况下，他们逻辑思维能力强，性格笃实，思考问题周全，办事认真谨慎，责任心强，但有些保守。书写结构松散者形象思维能力较强，有广度；为人热情大方，心直口快，心胸宽阔，不斤斤计较，并能宽以待人，往往不拘小节。

5. 书写字体大小跟空间大小没有任何关系，字形稍圆弯曲，有时呈直线形，有时字形具有自己的风格，有时则工整而有规则；大小、形状、角度、笔压均不固定，最突出的是潦草。

有此类书写特征的人虚荣心强，极重视外表，经常希望他人谈论自己，因此话很多；不能理解对方立场，不能很好地与他人合作并同情他人；由于以自我为中心，因此容易受煽动，亦容易受影响。

另外，这类人看问题非常现实，有消极心理，遇到问题多注重消极的一面，容易悲观失望。字行忽高忽低，说明写字者情绪不稳定，常常随着生活中的高兴事或烦恼事而兴奋或悲伤，极端情绪化。

多角度看人

根据生活的经验来看，一个人的外表有时能反映出其内心；反之，了解其内心，有时又要依据他的行为表现。

齐国攻打宋国，宋王派藏芷求救于楚国，楚王很快就答应了。然而，藏芷在归途中却显得很忧虑。他的车夫问："您求救成功了，为何如此忧虑?"藏芷说："宋是小国而齐是大国，为救一个小国而得罪一个大国，大家都不会这样做。然而，楚国却很高兴地答应了，这不合情理。他们一定是想扶持我们，让我们抵抗齐国，以此削弱齐国，这样对楚国有好处。"

藏芷回国后，齐国攻占了宋国的五座城池，而楚国并没有去援救。

观察一个人，应先看他的行为，再弄清他做事的动机，审度他的心态。 人们所犯的过错多种多样，仔细审查某人所犯的过错，就可以知道他是什么类型的人了。

从前，一个名叫鲁丹的游士，周游至中山国，想向君王进献自己的计谋，可惜投报无门。于是，鲁丹将许多财宝赠给君王亲信的幕僚，请他代为引见。此法立即生效，鲁丹被君王召见，并于谒见之前，先以珍馐美味接待他。

席间，鲁丹不知为何，忽然放下筷子退出宫殿，也不回旅舍，立即离开中山国。

从者诧异地问："他们如此厚待你，为何离去？"

鲁丹回答从者："这位君主被他的侧近左右，毫无原则，日后如果有人说我的坏话，君主必定会惩罚我，还是早点离开吧。"

有人说，宇宙间的物体是对立统一的，因为宇宙的运动最终又会返回原来的状态，这就是自然的运动法则。

有表就有里，但这些都不是固定的，因为相互间会有变化的趋向。 只看一方面，不能看出真相，因此，需要从多方面去观察他人。

下面有一些看人的规律，可以为我们提供一些帮助。

（1）愈是会装腔作势的人，内心愈是空洞。

（2）平时不易接近的人，突然变得很热情，他一定是别有所图。

（3）对于过分替自己辩解的人，不要放松对他的警惕。

（4）说话夸大的人，大都自卑。

在生活中，只要根据对方在待人处事时表现出来的蛛丝马迹，就能看清这个人的真实面目。

谁都不愿暴露底牌

人们为了成功或者为了谋取自己的利益，都想掩饰好自己的内心，藏好底牌，以待关键时刻出奇制胜。

做人最大的困难就是"知人心"。"人心难测""知人知面难知心"，说的就是这个道理。其实，从心理学角度来讲，人心既可知又不可知，既有共性，又有特性。由于个人生活阅历的不同，人心又具有一些特殊性，即有悖常理的心思、心态和心情，因此很难揣测。有人把人心比作一泓深潭，里面有什么生物，谁也说不清楚。

美国心理学者奥古斯特·伯伊亚曾经做过一个实验，让几个人用表情表现生气、害怕、诱惑、冷漠、快乐与伤心，并用录像机录下来，然后让人们猜哪种表情表现哪种情绪。结果，平均每人只有两个判断是正确的，当表现者做出愤怒的表情时，看的人却觉得他很伤心。

人是一个矛盾的综合体，喜怒哀乐，远非他展现的那般单纯。欢笑并不一定代表高兴，痛哭并不一定代表悲伤，鞠躬并不一定代表感谢，欢腾并不一定代表颂扬……所以，你要认真分析，学会识破人心，而这种本领，是你了解别人进而掌控生活主动权的资本。

古代的奸贼总是以忠臣的面孔出现在皇帝面前，总是显得比谁都忠于朝廷；而在皇帝背后却欺凌百姓，玩弄权术。 他们往往长于不动声色，只是在暗地里使坏，使敌手来不及防备便遭暗算。

　　人生如棋牌，对手的底牌就是天下最难弄懂的牌。 底牌是人保护自己、攻击对手的武器之一。 别人要掩盖底牌，我们就要想方设法探得别人的底牌。 未雨绸缪才是王道，在对方打出底牌之前想出应对之策，才能避免最后的失败。

第五章

口才也是实力，说话一定要花心思

赞美是一种投资

林肯说过："每个人都喜欢赞美。"相信我们都见识过赞美的力量。 对于他人的成绩与进步，一定不要吝啬赞美，要给予肯定和鼓励；当发现他人具有可褒奖之处时，也不要吝啬你的赞美。 赞美，就像投资，送出赞美，你收获的是友谊，是人缘……

有一天，一位叫约翰的律师和太太去异地拜访几个亲友。

由于约翰不太了解这些几乎从未碰过面的亲戚，所以就想找一些能够拉近他们之间距离的话题。他看到了姨妈的房子，决定赞美一下，也好为下面的聊天找个话题出来。

"这栋房子如此有古韵，差不多有一百年了吧?"他问道。"是的。"姨妈答道，"正好一百年了。"

约翰说："这使我想起我们以前的老房子，我是在那里出生的。这房子盖得么好这么漂亮，现在已经很少有这种房子了。"

"我也如此认为。"姨妈表示同意。

"现在的人已经不在乎房子漂亮不漂亮了。他们只要求有房住即可，然后开着车子到处跑。"约翰说。

"这座房子有我的梦。"姨妈的声音有点颤抖了，"这是用梦完成的一栋房子。我的丈夫和我梦想了好几年，它是由我们自己设计装饰的。"

她带着约翰到处参观，约翰也热诚地赞美。看完了房子以后，约翰由姨妈带到了车库，那里停着一辆派克车，几乎没有使用过。

"这是我丈夫买给我的，买了不久后他便去世了。"她轻声说，"自从他死后，我就没有动过它，你是一个懂得欣赏的人，我就把它送给你吧！它应该有个好的主人。"

"不，姨妈。"约翰叫道，"我知道你很慷慨，但是，我却不能接受。我自己拥有一辆车，而且我们之间并不算很亲密，实在是不能要。我相信你身边许多亲戚都十分喜欢这辆车。"

"天哪！"她叫起来，"你是说我的那些亲戚吗？他们巴不得我死掉，好拥有这辆车！"

"假若你不愿送给他们，也可以卖掉啊！"约翰建议道。

"什么！"她大叫，"你以为我能让随便一个人开拥有如此非凡意义的车到处跑吗？这是我丈夫买给我的车子！我要把它送给你，我相信你会是个好主人。"

约翰极力想辞谢这份好意，却又担心令姨妈失望。最后，因为赞美，约翰拥有了这辆很多人都梦寐以求的车。

人的耳根都是软的，每个人都希望得到赞美。在现实中，没有人不希望别人欣赏、赞美自己。每个人都希望别人肯定自己的价值。因而，我们能通过赞美收获意想不到的结果。

赞美别人是一件"予人玫瑰，手有余香"的乐事，然而很多人却吝啬赞美之词，认为那是阿谀奉承的小人行径。说一句"你这个主意真不错"或是"你的肤色晒得如此漂亮"，只是最基本的关注和认可，但它将赞美者的友好及热情传递了出来。赞美他人并不会让自己低人一等；相反，会和上面的约翰一样，获得意想不到的收获。

在我们掌握了赞美别人的方法后，多多赞美别人，令别人感觉到你发自内心的赞美，相信你在以后的人际交往中一定会游刃有余。 记住，赞美永远都有用。

威廉·詹姆斯说："人类本质里最殷切的需求是渴望被肯定。"而赞美就是最为直接的肯定，赞美满足了人类的本质需求，因此大家特别喜欢。 如果你想你的人际关系更加和谐，那么就从今天开始试着去赞美别人吧。

满足他人的荣誉感

赞美一个人引以为荣的事情，是赞美高手无往不胜的撒手锏。要知道，赞美是一门技巧性很强的艺术，就像画画，胡乱涂画大家都会，但要画出一幅完美的作品，就没那么容易了。

王师傅是常雯公司的专职司机，常雯第一次坐他的车时，刚好赶上上班早高峰，路上非常拥挤，但王师傅却能在那样的车阵中又快又稳地前进。常雯见此说道："王师傅，你在这样的情况下还能开得这么快，真是不简单啊！"

就这样一句简单的赞美之词，王师傅听了格外开心。因为他觉得自己确实驾驶技术高超，这也是让他很有成就感的地方。在常雯坐他的车以前，几乎没人这么夸他。于是他此后都非常照顾常雯，见常雯喜欢吃零食，总会准备些零食放车上。这件事情过去了十多年，王师傅仍然对当时的情景念念不忘，并且还常常在别人面前说常雯有眼光。

用心去发现并赞美别人吧，比如一个人擅长做一道美味的糖醋鱼、擅长折叠各种各样的纸鹤，擅长编好听的故事等，都是你可以称赞的内容。不要因为这种赞美微不足道就不做，其实将小事做好了，也是一种了不起的功夫，甚至能够令你的人缘大厦平地而起。

美国亿万富翁德士特·耶格就说过："你只需要练习向别人说你喜欢从别人那里听到的事情。当他们出色地做到某件事情后，你能够祝贺他们。你懂得告诉他们，你是多么欣赏他们所做出的贡献。"

肯定对方的成绩和优点，对于我们来说，只是一句话的事，但却能满足对方的荣誉感，而你也会因此有更好的收获。

学会捧场

捧场相当于是对别人的鼓励与支持，懂得为别人捧场的人多是有智慧、有心计的人。当然，捧场也能为自己赢来更好的人缘。

曾经有一位热爱绘画的青年，他年轻有为，作为一位绘画艺术爱好者，色彩就是他的人生。他辞掉了工作，准备潜心作画。一天，他在街头绘画。这时走过来一个穿着破烂的孩子，问道："叔叔，你的画真漂亮，能送一幅给我吗？我想送给妈妈做生日礼物。"年轻人高兴地说："当然可以。"

说着送了那个孩子一幅画。

　　年轻人这一天都过得很充实，他觉得终于有人喜欢他的画了。于是他更加努力。一年后，他成了著名的画家。

看看，只是一个孩子的捧场，就对画家造成了这么大的影响。可见捧场是不存在身份界限的，在生活中的任何时候，你都可以为别人捧场。比如，如果你初次见一位女性，那么关于她的服饰，就是你捧场的最好题材；当你去朋友家时，漂亮窗帘和墙上的画，甚至墙壁的颜色，都可以成为你捧场的话题。

这些生活中的捧场可立即将彼此之间的距离拉近，让你获得更好的人缘。

　　肖礼有很多朋友，甚至与朋友的家人都相处得很好，为什么呢？这得归功于他善于捧场。一次，他和一个朋友约了见面，朋友带了他的妻子来。他和朋友的妻子是第一次见面，因此没有适当的话题。但是他发现朋友妻子别着一款十分独特的胸针，他眼睛一亮，于是称赞道："这款胸针真是精致，从未在市场上见到过这种款式。"朋友的妻子立即来了兴致，原来，那是她自己设计的胸针。肖礼一听，立即称赞道："难怪这么特别，你很厉害啊，设计的东西如此漂亮，改天也帮我设计一个吧。"于是两人就打开了话匣子，之后两人还成了很好的朋友。

在这个社会上，懂得捧场的人好像更吃香。当一个人听到别人赞美的话时，难免会觉得高兴、自豪，因此，多为别人捧场，也会使你变得更迷人。适时地为他人捧场，收获的是别人发自内心的感激，而为他人捧场，实际上也是为自己捧场。为别人捧场，最重要的是付出感情。如果你明白为别人捧场就是为自己捧场，那么，你就能说出更好的赞美的话。然而，明白此理的人很少，他们被猜疑、忌妒占据了心灵。有的人虽然在心里也会为对方的成功喝彩，但却不会说出口。

俗话说，"尺有所短，寸有所长"。大家都有各自的优缺点，我们应该多发现他人的优点，学会为他人捧场，为自己赢得更多的学习机会。这样做能为自己营造一个良好的工作氛围和人际环境，而这种氛围与环境，能让我们在前进的道路上更快更稳地前行。

赞美异性须慎重

对于异性，如果赞美之词过于直白或大胆，容易招致误解。

不妨试试借他人之口赞美异性，这会与当面赞美的效果完全不同。因为借他人之口传达自己的赞美时，能体现出我们的胸怀和诚实，令别人感受到你的真诚，也不容易让他人产生误解，这样，别人才会乐于领情，并对你感激不尽。

在《红楼梦》中，有这么一段描写：史湘云和薛宝钗都在劝贾宝玉入朝为官，贾宝玉对此极为反感，于是他在史湘云等人面前夸林黛玉说："林姑娘从来没有说过这些混账话！要是她说这些混账话，我早和她生分了。"

恰巧林黛玉此时走过窗外，听到了贾宝玉赞美自己的那番话，"不觉又惊又喜，又悲又叹"。结果林黛玉对贾宝玉更添好感，与他互诉衷肠，感情更为亲密。

林黛玉本身小心眼儿且爱使小性子，如果贾宝玉当着林黛玉的面说这番话，也许林黛玉会认为这是贾宝玉在打趣她或是想讨好她。然而贾宝玉在史湘云、薛宝钗面前称赞她，且是在她不在场的情况下，她就认为这样的好话是最真诚、最难得的。

可见，背后赞美别人，远比当面恭维效果好多了，简直是事半功倍。因为我们在背后赞美别人的时候，通常会被人认为是不带任何私心的，这样，别人对你的信赖只会增加。而且，这些话很容易通过别人之口传到对方耳朵里去。试想，如果有人告诉你，有一个异性朋友在你不在场的情况下讲了你很多好话，你能不高兴吗？相信你的喜悦之情会比他当面赞美你更甚。

当你当面赞美异性，尤其是初次见面的异性时，对方极有可能认为那只是应酬话、恭维话，你的目的只在于讨好他。但是如果通过别人来传达你的赞美，则会有完全不同的效果。此时，对方一定会认为那是认真的赞美，不带半点虚假，因而也会发自内心地接受，并对你抱有好感。借他人之口赞美异性，是与别人搞好关系的最好方式。假如有一位陌生人对你说："某某经常对我说，你是个十分厉害的人！"相信你的感动之情定会油然而生。因此，不妨多在背后赞美异性，这既能让对方愉悦，又能收到赞美的效果。

称赞美人心

     法国大作家伏尔泰的好友丰特奈尔，是一位著名的科学家和文学家。他97岁时，一日，他在社交场合遇到了一位年轻貌美的女子，并对那位女子讲了很多恭维之辞。片刻之后，他再次经过那位女子面前时，却没看她一眼。于是那女子对丰特奈尔说："我该怎么看待你的殷勤呢？你连一眼也没看我。"丰特奈尔淡定地答道："我若看你一眼只怕就走不过去了，我该如何对你的殷勤做出思考呢？"女子被丰特奈尔说得心花怒放，喜笑颜开。

    赞美好比阳光，照耀着我们内心的花朵；赞美就像润滑剂，可以使相互之间的关系更融洽；赞美又像协奏曲，那和谐悦耳的声音让人如痴如醉；赞美如同和煦的春风，吹暖了每个人的心。

     凯文和琳达已经结婚十年了，他们的生活一直都十分幸福。可是他们却一直有一个遗憾，那就是他们没有孩子。为此，太太琳达很伤感。对于太太的痛苦，丈夫凯文看在眼里，急在心里。他知道太太十分喜欢小狗，为了能让太太开心，凯文决定在家里养几只小狗。于是，他悄悄去狗市买了几只小狗抱回家里。太太看到这几只活泼可爱的小狗，高兴极了，从此与小狗为伴，并对它们百般疼爱。

一直以来，凯文都有买车的打算，和太太商量了一下，可是两人对于买什么样的车发生了分歧，于是先准备去汽车展厅看看再作决定。出发的时候太太顺手把一只小狗抱了出来。当他们走进一家展厅时，一位推销员注意到了他们。推销员在不远处仔细观察了他们一番，他看见琳达自从进了展厅，就不停地抚摸着怀里的小狗，浑身都散发着对小狗的疼爱之情。他断定琳达必是视狗为珍宝的人。他走到凯文夫妇面前，凯文以为他是来推销汽车的，因为他知道推销员为了推销汽车是不会放过任何机会的。可是令他感到奇怪的是，这位推销员并没提汽车的事情，反而开门见山地夸赞琳达怀中的小狗。他赞美这只小狗毛色好、有光泽，黑眼睛，黑鼻尖，是最名贵的一种。那说话的样子简直就像一个养狗专家。而此时的琳达已经被这位推销员夸得神魂颠倒，她以为自己拥有了世界上最名贵的狗，于是她情不自禁地喜欢起这位推销员来。

　　看到太太如此高兴，推销员才开始说起了他的汽车。很奇怪，平时对汽车不怎么有兴趣的琳达竟然听得津津有味。最终，她和凯文决定买下他推荐的汽车。

　　可以说，赞美的语言是融洽的人际关系不可缺少的润滑剂。 在这个社会上，会说赞美话的人，肯定会吃香，做起事来也顺利得多。试想，当一个人听到别人的赞美时，心里能感到不开心？ 想要求人办事更容易，首先就要养成赞美别人的习惯。 俗话说，"习惯成自然"。 当赞美别人已经变成你的习惯时，你会发现你的办事能力有所提高。

　　要赞美，就必须找到可赞美之处。 要找到可赞之处，必须仔细观察，这也是我们能够在最短时间里获得别人好感的一种交际技巧。 千万不要以为，赞美细微之处是不足挂齿的。 美国著名企业家玛丽·凯说过："人们盼望赞扬，就像在沙漠中盼望甘露一样。"渴望得到赞赏，是人性中最根深蒂固的本性。 人性中最强烈的欲望，便是在众人中有着举足轻重的作用。 无论是谁，听到别人对自己的赞美之词都会很开心。 既然说好话可以让别人开心，我们又不会因此受损，何乐而不为呢？ 假若遵循这一准则去做事，你可能会少很多麻烦。 如果你对此信守不渝，它会让你增加不少的朋友，会让你常常感到幸福快乐。

爱听溢美之词是人的天性，人性的弱点之一便是虚荣心。 当你听到对方的吹捧和赞扬时，心中会产生一种莫名的优越感和满足感，自然而然会与之亲近许多，而且这样的好感就像江水一样，滔滔不绝。

含蓄点，话不必说白

现实生活中，很多人心直口快，没有城府，从不拐弯抹角。 有时候大家会喜欢他们，觉得他们直率，交往起来很轻松；可是有时候令人不舒服的也是他们，因为他们总是在无意中伤害到别人，常常令别人颜面尽失却还不自知。 你怪他们吧，他们是无意的；你不怪他们吧，他们又屡屡让你恼火。 这样的家伙真是让人头疼。

其实，直率也算是个明智的交际之法，直率的人往往给人以一种心胸坦荡的感觉，他们比那些深藏不露、遮遮掩掩的人更令人放心，更容易让人产生好感。 但过分直率却会起到适得其反的作用，直率的人也正是在这一问题上吃了苦头。 为什么这样说呢？ 因为每个人都是有自尊心的，大家总有容忍的限度，当这一限度被突破，触及自尊时，你的直言快语就变成了挑衅和侮辱，往往使对方下不了台，结果使对方记恨你，使自己陷入孤立状态。而说话方式委婉些则更易被他人接受，因为这样可以最大限度地照顾对方的尊严。对方如果识趣，一定会知难而退。

　　林肯当总统期间，有人向他引荐某人为阁员，因为林肯早就知道这人的品行比较差，所以一直没有同意。一次，朋友生气地问他，为什么这么久也没什么结果。林肯说："我不喜欢他那副'长相'。"朋友吃惊地说道："什么？你这也太苛刻了些，'长相'是父母给的，也怨不得他呀！"林肯说："不，一个人超过40岁就应该对他那副'长相'负责了。"朋友当即明白了林肯的话中之意，再也没有说什么。

很显然，这里林肯所说的"长相"和他朋友所说的"长相"根本不是同一个意思。林肯巧妙地利用词语的歧义，道出了"这个人品行道德差，我不同意他做阁员"这句大实话，在给朋友面子的同时，也达到了自己的目的。

委婉修辞手法，即说话时不直抒本意，而是用委婉之词加以烘托或暗示，让人思而得之。比如一个男孩送一件衣服给心仪的女孩，假若女孩不想接受，可以说："挺漂亮的，不过我男朋友刚送了我一件，你还是送给你女朋友吧。"这么一来，既表明了自己已是有男朋友的人，又不使对方颜面扫地，二人今后也有可能成为朋友。但是如果女孩对男士说出"癞蛤蟆想吃天鹅肉"之类的伤人话，必会令男士怒火中烧，让爱慕变成仇视。还有，在拜访朋友时，朋友热情地拿出水果、零食招待你，而你却说："不吃不吃，我从来就不喜欢吃零食，再说我刚吃完饭，肚子饱得很，没什么胃口吃东西了。"这样不仅让人扫兴，而且还伤了朋友的自尊心。你应该对朋友的热情有所体谅，并委婉地说："谢谢，谢谢！多新鲜的水果，多甜的糖，真可惜刚吃过饭，没有胃口吃了，太遗憾了！"

社会交往中，人与人之间的关系是一种很微妙的"化学反应"，一件小事情便可能使你们关系很好，也可能很坏，关键在于把握一个度。说话千万不要像刀子一样，伤了别人也伤到自己。所以，在言谈中，有驾驭语言功力的人，就会自如地采用各种委婉的表达方式。他们知道，生活中并非处处都能"直"，有时还非得含蓄、委婉些，表达效果才会最佳。委婉法能在说话办事时起到缓冲的作用；婉转的语言能使本来困难的交往变得顺利，让听者接受信息时处在一种舒适的氛围中。因此，有人称"委婉"是办事语言中的"软化"艺术。但是，使用委婉语，必须注意避免艰深晦涩，让人听明白才是谈话的目的，如一味追求奇巧，会使他人无法明白其中的意思，甚至造成误解，必然会影响表达效果。

总之，为了避免直言，运用各种暗示、含蓄、隐晦的语言来表达自己的意思，使对方明白自己的心意，这是个很好的方法。说话委婉含蓄是做人有心计的一个必要条件，也表现出你对人的体贴。作为一个现代人，应当利用好这一有益于人际交流的语言表达方式。

不能和盘托出

我们的身边总有这样的人，他们特别爱侃，性子又特别直，喜欢向别人掏心窝。虽然这样的交谈能够很快拉近人与人之间的距离，使彼此变得友善、亲切起来，但心理学家调查研究发现，事实上只有1％的人能够严守秘密。所以，当你的生活存在个人危机时，如失恋、婚变，最好还是避免随便找个对象倾诉；当你的工作出现危机，如工作上不顺利，对老板、同事有意见有看法时，你更不应该轻易向人袒露胸襟。职场上，环境复杂，人心难测，你不害人，但也不得不防人，把自己的"私域"圈起来当成禁区，不要轻易让"公域"的人进入，这是一个成熟的人非常明智的一招，是在竞争机制中的自我保护之法。

把心掏出来，这代表你对他人付出的是一片真诚和热情，但知己难寻，真能与你真心相待的人不多。况且，知人知面难知心，有些人看似掏心窝给你，但难保他掏的不是"假心"，一旦你遇到别有用心的小人，恰好利用你的坦诚，使你受到欺骗，结果只会伤了自己。而会玩手段的人，更可以因此把你玩弄于股掌之中，你就会有危险了。

李昱是一家公司的业务代表，在一次聚会时，与另一家公司的业务员偶然相遇，两个人很投缘，话也越说越投机，大有相见恨晚之感。李昱视对方为贴心女孩，结果在酒酣耳热之际，把自己公司将要开展的业务计划说了出来，当然，对方事先也承诺会保守秘密。一个月后，当李昱的公司实际运作新的业务计划时，却被客户告知别的公司已经在做了，并已签了合同。作为与老板共知计划机密的李昱，自然受到老板的批评，并被罚薪降职，永不重用。

由此可知，在人际交往中切忌轻易掏心窝。每个人都有秘密，朋友之间、同事之间，哪怕是感情不错，也不能随意把秘密告诉别人。如果你管不住自己的嘴，你就可能受到伤害。

朋友相处，重要的是双方在感情上的相互理解和困难之际的鼎力相助，而不是了解一些没有必要了解的东西。例如，你承受的工作压力，你对某人的不满，当你向别人倾吐这些心事时，他日有可能被人拿来当成打击你的武器，到时可能你连自己为何吃亏都不知道。那么，对好朋友应该可以说说心事吧？答案是：不能全都说。你要说的心事要有所筛选，因为你目前的"好朋友"未必是你未来的"好朋友"。

当你向人掏心窝倾吐心事的时候，同时也会向人泄露你脆弱的一面，这会改变别人对你的印象。有的人会因此而看不起你。最糟糕的是，脆弱面被别人掌握，这将成为你日后的软肋。这不一定会发生，但你必须提防。另外，只要一激动便什么秘密都讲给别人听，也是做人的大忌。因此，只有将自己的秘密守住了，给自己留一点余地，留一条后路，才能够使自己在人生的道路上走得更平稳、更踏实。

要记住：这个世界并不总是充满温馨怡人的亲情和友情，也充斥着伪善和欺骗。不要轻易地向人透露自己的底细，这只会被居心不良的人当作利器来击败你。

模糊表态对自己有利

不可否认，明明白白讲话会给人留下好的印象，明确而坚定的表态也给人以自信的感觉。但我们在表态或许诺时，如果总是轻易地使用"绝对""一定"等字眼儿，不留余地，就未必是明智之举。有心计的人知道，话一出口就收不回来了，为了避免别人抓住自己的把柄，他们大多会选择"模糊表态"。

模糊语言是实际表达中所需要的。面对不确定、不可能的态势，就要求助于表意上具有弹性的模糊语言。

有三个考生去赶考之前向一位著名的算命先生求教。在三人诉说完各自的情况后，算命先生故作神秘地伸出一根手指，闭起眼睛陷入沉默，三个人待要追问，算命先生曰："天机不可泄露。"第二年他们再次拜访那位算命先生，连称其神。因为三个人中只有一个人考取进士，算命先生伸一指不就是这个意思吗？但算命先生却有他自己的秘密：如果两人考中，那么伸一指就表示只有一个不中。如果没有一个落榜，那么伸一指就表示没有一个不中，因此不管情况怎么样，算命先生都是正确的。

在生活中，有好多处世精明的人都用模糊语言表明自己的态度。比如：在接受别人的谢意时，在索取自己报酬时，甚至在骂人时，都表现出含糊不清的样子，这样既保全了对方的面子，又不至于把话说得太死。

可能每个人都曾有过这样的体会：某人询问你某事，你不便回答而又不得不回答；有时别人征求你对某件事情的看法，你赞成不是，不赞成也不是。此时，你不妨打个"擦边球"，即用模糊的语言做出较为含糊或宽泛的回答。这样做比较容易脱身，也能表现出机智。如果遭到别人无理刁难，一定要管好自己的嘴，绝对不能胡言乱语或与人抬杠，此时含糊其辞是最好的表达方式。

俗话说："人情留一线，日后好见面。"现实中的尴尬事，其中有一些就是因为话说得太绝造成的。凡事三思而后行，总能给自己留条后路，这在外交场合是最常见的。外交部发言人都不会把话说得很绝对，要么是"可能""也许"，要么含糊其辞，以便一旦有变故，可以有回旋余地。一个人成熟的标志，便看他说话是否留有余地。

当然，生活中并不是所有的人都成熟老练，有一些自大的人喜欢把话说得很绝对。这样的人总觉得自己的见解没有错，喜欢盖棺定论，不留余地。事实上，凡事留有余地，是给自己方便，也是给别人方便，当你的预期目标没有达到时，压力也不会太大，别人也不会太责怪你。

在每项产品进行市场预测的初期，公司频繁召开会议，还经常会叫上销售部和设计部对共同的问题进行探讨，同时私底下也会征求员工的个人意见。

"初生牛犊不怕虎"，开会的时候，公司新来的两个美女员工李聪和张珍都表达了自己的看法，也得到了公司领导包括销售部和设计部的好评。但在阐述自己的想法时，两个人还强调如果按照她们的方法去做势必成功。产品部经理立马就表示要李聪和张珍一起写一份详细的计划书出来，公司会对她们的提议认真考虑。此话一出，李聪和张珍欣喜若狂。作为新人的她们能得到领导的如此重视，也称得上是幸运儿。但是在这项新产品的制作过程中，问题频繁出现，这令公司上下非常紧张。

事后，公司在处理这个问题并追究责任时，都把矛头对准了李聪和张珍，而本该对这个项目负责的产品部经理和所有参与产品研讨的销售部经理、设计部经理却都相安无事。最后，经理炒了李聪和张珍的鱿鱼。

其实，大家大概都认为这件事领导也有一定的责任。因为正常情况下，领导不但对本部门的工作负责，公司的发展和重要决策的制定，他们也应负90％以上的责任。但这次新产品出了问题，领导们为什么不用担责任，而是拉出了李聪和张珍这两个替罪羊呢？原因是：产品部经理在她们共同写的计划书上，标上了予以参考的意见，给自己留了条后路。当然，如果出现问题，文字便是证据，帮助他们向公司的高层开脱。

李聪和张珍也有问题。她们的说话方式不够"模糊"，最终给人留下了话柄。她们在开会时把自己的想法表明，但却没必要在后面加上按照这个方法来做一定能够成功的"大话"。这种对未来不确定事件的过分肯定，自我信心的过度膨胀，也注定了她们最后会自讨苦吃。公司要追究责任时，产品部经理只要把李聪和张珍共同写的计划书一交，自然就可以声称自己与此事毫无关联。

用不确定的词句一般都可以降低人们的期望值。你若无法顺利达到别人的期望，最好使用"模糊"的表达方式，这样人们因对你期望本来不高而更能用谅解来代替不满，有时他们还会因此看到你的努力，不会认为你一无是处；你若能出色地完成任务，他们往往喜出望外，这种额外的惊喜对你的人际关系很有益。

把话说得太满，并不能证明你的自信。话说七分满，反而是一种谦虚的人生哲学。从一个人说话的态度可以看出他的自信，真正有自信的人，懂得谦卑，说话时懂得留有余地。不要把话讲得太满，进可攻，退可守，这才是好的方法。

第六章

底牌不能轻易露,示弱并不可耻

底牌最后再翻

《易经》中的"潜龙在渊",指的就是君子待时而动,要善于保存自己的实力,不要过早地暴露自己。

历史上有很多人是因为泄露了自己的底牌而功亏一篑。宋文帝便是如此。

当时的太子刘劭想谋权篡位,就和巫师求神,还把宋文帝的玉像埋在了含章殿前,意在诅咒宋文帝快死,他好继承皇位。刚开始的时候,宋文帝并不知道这一切,完全被蒙在鼓里。

后来刘劭有个名叫陈天兴的奴仆,与使女有私情,被刘劭发现后杀掉了。陈天兴被杀,尸体和宋文帝的玉像埋在一起,这把对宋文帝实施诅咒的太监门庆国给吓坏了,他误以为刘劭是杀人灭口,认为自己迟早也会被杀,就把这事告诉了宋文帝。宋文帝一听,真是又惊又怒,通过调查,他发现了刘劭、刘浚和严道育等人谋权篡位的罪证。

有一部分证据被刘浚藏在了自己家中。这个刘浚本是小王爷,其养母潘淑妃很得宠。太子刘劭的母亲元皇后因潘淑妃而死,所以刘劭对潘淑妃和刘浚二人非常痛恨,但刘浚怕太子日后登基杀了自己,就和刘劭交好。

宋文帝想把刘浚藏匿的罪证逼问出来，但是刘浚并不承认。潘淑妃很爱这个养子，就哭着对刘浚说："你们诅咒皇上的事情已经败露，你应当悔改，怎么还藏匿了证据呢？我不想看到你被赐死！"刘浚仍然不觉自己有错，他愤愤地告诉潘淑妃："天下事情不久将水落石出，我不会让您受到牵连！"

当天夜里，宋文帝召尚书仆射徐湛之商量对策，准备惩罚他们。宋文帝只要下一道命令，太子刘劭即废。但是，坏就坏在宋文帝竟然自己泄露了这个密谋。

一次宋文帝喝醉了酒，就把这事告诉了潘淑妃。潘淑妃一听大惊，因为爱子心切，赶紧秘密派人通知了刘浚，刘浚又通知刘劭。于是刘劭连夜起兵，以朱衣披在甲胄之上，乘车进了皇宫。本来皇宫有个规矩，太子不能带卫队进宫，然而刘劭声称是皇帝的旨意，入宫有急事，因此门卫不敢阻拦太子，只好让他们进去。

刘劭派心腹直入宋文帝寝殿，将47岁的宋文帝杀害，而刘劭也立即登上皇位，改元太初。

其实宋文帝聪明仁厚，然而他竟然将废太子这样的大机密随便泄露给了潘淑妃，最后被杀害，确实令后人扼腕。

俗话说得好，"小不忍则乱大谋"。做大事者，要不动声色，不能泄露自己的底牌，使形势对自己不利。一定要明白什么是可以说的，什么是不可以说的。不该说的话，无论在什么情况下，面对什么人，都不要说出来。

不管是在什么场合，少亮底牌，是对自己最好的保护。

深藏不露，守拙待时

俗话说得好，"人心隔肚皮，虎心隔毛皮"。所以，聪明的人常在竞争中深藏不露，甚至装出愚笨的样子，这就是我们常说的"守拙"。这是掩饰自己、保护自己、积蓄力量、等候时机的人生韬略，常运用在竞争场合中。

中国有个成语叫作"锋芒毕露"，锋芒本指刀剑锋利，比喻人的才能。古人认为，人没有锋芒，则是扶不起的"阿斗"，因此有锋芒是好事，是事业成功的基础。

在适当的场合显露一下自己的"锋芒"，是有必要的，但有时锋芒不仅会刺伤别人，也会刺伤自己，因此要小心运用。物极必反，过分外露自己的聪明才华，不仅对事业不利，甚至还会失去自己的身家性命。尤其是做大事业的人，要学会深藏不露，守拙待时。

有一位年轻的律师，参与到一个重案中。这个案子牵涉到一大笔钱，涉嫌违反一些重要的法律条款。在法庭辩论中，法官对律师说："海事法的期限是 6 年，对吗？"律师愣了一下，坦言说："不。庭长，海事法没有这一期限。"这位律师后来对别人说："当时，法庭内立刻静默下来，气氛非常凝重。虽然我是对的，他错了，我也如实地指了出来。但他非但没有因此而高兴，反而很生气。尽管法律站在我这边，但我却铸成了一个大错，那就是当众指出别人的错误。"

在指出别人错误的时候，我们要做得高明些。古希腊著名哲学家苏格拉底在雅典的时候，一再告诉自己的学生说："你要记得自己一无所知。"英国19世纪政治家查士德斐尔爵士，则更加直白地训导自己的儿子说："你要比别人聪明，但不能让别人知道。"

无论你怎样指出别人的错误：一个蔑视的眼神，一种不满的腔调，一个不耐烦的手势……都有可能带来难堪的后果。因为这是在向对方表明：我比你更聪明。这无异于怀疑对方的才能，这不仅打击了对方的自尊心，还伤害了对方的感情。这样做不仅让对方对自己没好感，还会引起他的反击。这无疑是给自己找麻烦。因此，在指出别人错误的时候，应当做得高明一些，不要让对方觉得自己不如你。比如，你可以若无其事地提醒他，让人觉得他只是忘记了，或者好像是他没说清楚，那样效果会很好。

著名科学家玻尔特别尊重人。当他对别人的观点提出不同意见时，常常预先声明："这不是为了批评，而是为了学习。"这句话被当作名言印在一期物理杂志的封面上，作为送给玻尔的生日献礼。

一次，有人发表学术演讲，效果非常糟糕，玻尔也不认同这个演讲的内容，但他仍然热情地对演讲者说："我们在很大程度上同意你的观点。"玻尔同爱因斯坦展开过一场为期近30年的学术大争论，两人持有相对立的观点。但爱因斯坦认为，在反对他的观点的阵营中，玻尔是最公正的。

玻尔的这种为人处世的态度，不仅对他的学术研究有帮助，而且使他深受人们的爱戴和仰慕。

当弱者不可耻

　　你难以改变自己实力的强或弱，但假装弱势，可以为自己争取有利的地位，为自己减少一些不必要的麻烦。适当地示弱，可以让别人不那么忌妒你，使处境不如你的人心理平衡，对你放松警惕，这对交际很有利。

　　在自然界中，示弱是一种生存之道。

　　在澳洲，有一种强悍的烈马，其寿命看起来总要比柔弱的母马短暂，它们一般都会被杀掉；而那些温和的母马，往往被人们驯服，在赛场上夺冠。

　　海滩上有两种蓝甲蟹：一种比较凶猛，但它们不会避难，对谁都很"横"；而另一种则比较温和，不善抵抗，一遇到敌人，就翻身躺着，任你怎么咬它、踩它，它都一味装死。

　　千百年后，出现了一种有趣的现象：强悍凶猛的蓝甲蟹越来越少，成了濒危动物；而喜欢示弱的蓝甲蟹，却繁衍得非常昌盛，世界上各个海滩都能发现它们。为什么会出现这种结果呢？动物学家发现，强悍的蓝甲蟹因为好斗，有一半在斗争中死了，又因为强悍而不知躲避，有一半被天敌吃了；而那些会示弱装死的蓝甲蟹，则因为示弱而保护了自己，得以繁衍至今。

自然界给我们这样的启示：凡事如果逞强好胜，往往会弄得头破血流；但是如果适当示弱，则很容易被别人接受。因此，做人做事，懂得适时地示弱，才能取得成功。

示弱，可以是与人交谈时幽默的自嘲，也可以是在大庭广众之下有意以己之短托人之长。如果你碰到的是个有实力的强者，他比你强，那么你不必为了面子或意气而与他争强。因为一旦硬碰硬，你虽然有可能战胜对方，但更可能毁了自己。因此不妨示弱，以化解对方的戒心。以强欺弱，胜之不武，强者大多不会如此。

有一位记者去拜访一位外国政治家，想要获得一些秘闻。然而，还未及寒暄，这位政治家就对记者说："时间还多得很，我们可以慢慢谈。"记者意外于他的从容。不久，仆人将咖啡端上桌来，政治家喝了一口，立即大嚷道："好烫！"咖啡随之滚落在地。

等仆人收拾好后，政治家又倒吸香烟，从过滤嘴处点火。记者赶忙提醒："先生，你将香烟拿倒了。"政治家听到这话之后，慌忙将香烟拿正，却碰翻了烟灰缸。平时趾高气扬的政治家出了一连串的洋相，使记者大感意外，不知不觉中，记者就不想挑战他，甚至还对对方产生了亲近感。

而这所有的一切，都是政治家有意为之。当人们发现杰出人士也会有很多弱点时，对他的负面看法便会消失，而他也因此省掉了很多麻烦。

能放下架子做"弱者"，从某种意义上来说，是一种处世态度。

对手当前，不能不抗。 不抗，你必败无疑，但硬拼胜败同样没有绝对把握。 此时，故意示弱倒不失为良策。 承认自己的不足，有意暴露自己的某些弱点，可以说是高明的交际策略。

恰当地表现优秀

有才华的人急于表现自己的优秀，结果锋芒毕露。 所以，做人不能太高调，要低调一些，谦虚一些，否则容易暴露自己的弱点或短处，还会遭人陷害。 要懂得"真人不露相"的做人道理。

唐朝诗人刘禹锡，因有才而出名。他为人爽直，但有时不够圆滑，因此惹来不少麻烦。当时有种风俗，举子在考试前都要向官员呈献自己的作品，请他们看后为自己说几句好话，以此来提高自己的名声，这称为"行卷"。襄甲有位才子牛僧孺这年到京城赴试，带着自己的作品来拜见很有名望的刘禹锡。刘禹锡很客气地招待了他，听说他来行卷，便打开他的大作，面批他的文章。刘禹锡本是牛僧孺的前辈，又是当时的文坛大家，亲自修改牛僧孺的文章，提高了牛僧孺的水平，但牛僧孺却对此很不高兴。后来，由于政治上的原因，刘禹锡仕途一直不顺，到牛僧孺成为唐朝宰相时，刘禹锡仍然只是一个小官。

一次偶然的机会，刘禹锡与牛僧孺相遇，两个人一起喝酒聊天。酒酣之际，牛僧孺写下一首诗，其中有"莫嫌恃酒轻言语，憎把文章逼后尘"之语，暗示他对刘禹锡当年改其大作一事耿耿于怀。刘禹锡见诗大惊，方悟前事，赶紧作诗忏悔，牛僧孺方解前怨。刘禹锡惊魂未定，后对弟子说："我当年一心一意想扶植后人，谁料却惹来麻烦，你们要引以为戒，不要好为人师。"

好为人师本是一种单纯的行为，但是如果显露过多锋芒，则易遭人忌妒，甚至成为自己成功的障碍。

章韵是某企业人事部门的顾问，她现在人缘很好，但是过去的情形却并不是这样。章韵初到人事部门的头几个月，没有一个朋友。为什么呢？因为她每天都在炫耀自己，以及她所做的每一件事情。章韵发现，在她和同事不停地说她的这些引以为傲的事情时，同事显得很不高兴。

章韵想和同事交朋友，但是却找不到自己的问题出在哪里。章韵的丈夫对她说："你想让别人听你说，那么你应该听别人怎么说。这样也许他们就会慢慢地接纳你。"

章韵听了丈夫的忠告，闲聊时很少对同事谈及自己，而是花时间认真倾听同事们说话。她发现，原来他们也爱吹嘘，他们在诉说自己成就的时候，比在倾听别人说话时要表现得兴奋得多。慢慢地，大家有了什么话都喜欢告诉章韵，和她成为好朋友。

　　人们对于自己的事往往更感兴趣，更关注自我。 如果有人能真诚地听自己谈论自己，他就会觉得满足。 卡耐基说过，专心听别人讲话的态度，是我们所能给予别人的最大赞美。 德国有一句谚语："最纯粹的快乐，是幸灾乐祸。"可能你不想承认，但是大多数人，从你的麻烦中得到的快乐可能比看到你胜利得到的快乐多。 因此，我们应当谦虚、低调，对于自己的成就要轻描淡写，不要过多表现。要知道"出头的橡子先烂"。

不要卷入是非中

　　说是非者，本是是非人。 办公室中是非多，举手投足间就会产生是非。 我们身在职场，要尽量少说话，不然可能会有麻烦。
　　工作中的你，可能身边常有一些饶舌之人，爱八卦，甚至打听不到消息还会胡乱编排，造成同事之间不必要的误会。 这种人让人厌烦。 因此，你要做的就是少说话，多做事，免得卷入是非圈。

　　　吴莉是一个刚进公司的新人，她工作非常出色，但总是不开心，脸上没有一点儿笑容。公司的张大姐见此觉得很奇怪，想知道她忧愁的原因。于是她很热心地邀请吴莉去她家吃饭，还把自己的一些秘密告诉了吴莉。
　　　看张大姐这么热心，还将自己的秘密说出来，吴莉很感动，她便把张大姐当作朋友，也说出了自己的秘密。原来，吴莉爱上了自己的上司，因此才不开心。

然而没过多久，吴莉发现同事们看她的眼神很奇怪，她觉得很诡异。终于有一天，公司马姐跟她说："你的事，大家都知道了。其实，你不应该将秘密告诉张大姐，她是个大嘴巴。"

吴莉觉得愕然，说："可是她，她也把自己的秘密跟我说了。"马姐摇了摇头，对吴莉说道："人家和你不一样，人家张大姐和自己老公幸福着呢。"吴莉听了真是悔不当初，但是又有什么用？最后吴莉因为受不了舆论的压力，只好辞职。

吴莉的失败就在于轻易地泄露了自己的秘密，将自己陷入了是非圈中。在职场上，不论泄密还是听密，对自己都没有任何好处，会对你的职场生涯产生很多负面影响。

张彤半年前准备跳槽，结果却被公司给辞退了，后来一直找不到合适的工作。为什么呢？原因就在于她在即将跳槽的那段时间，卷入了是非圈，让自己过了一回长舌妇的瘾。

张彤在原来公司的人力资源部工作，对公司的人事关系以及非常敏感的薪资问题很了解，但平时她很少提及。可年终因为找到了另一家好公司，于是她管不住自己的嘴了，开始向同事们抱怨上司，说出了上次的年终奖谁高谁低等细节，给上司惹了不少麻烦。

她没想到的是，这事逐渐在业内传开了，谈妥的新公司也因此不聘用她了，这也导致她无法找到工作。

即使你将另谋新路，也要提高警惕，一定要管好自己的嘴巴，多做事，少说话，因为哪儿都不欢迎饶舌的人。

面对是非，一些职场上的新人往往不知所措，其实只要你静下心来用心去做事，会发现什么事情都不复杂。姚明就曾在一次访问中说道："如果现在火箭队的口号是'IT IS TIME'的话，我的口号在新赛季就是'少说话多做事'。"

除了要少说话避是非之外，还要多做事。有些人好高骛远，小事不愿干，大事干不了，这在职场新人中尤为明显，如果不注意纠正，很可能会使你成为志大才疏的人。这样的人领导不会赏识，更不用说晋升了。即使是一件小事，也要一丝不苟，努力做好。小中见大，做好小事，可为以后做大事积累经验，还可得到领导的赏识。

百忍成金

行走于世靠什么？忍！古语说得好，"一忍可以支百勇""莫大之祸，起于须臾之不忍""小不忍则乱大谋"。凡事忍一忍，就等于是为以后铺路，找了台阶，同时也给自己找了机会。做一个有城府的人吧，记住这句话：百忍方成金。

忍可以成大事，匹夫之勇只会贻笑大方。当我们面对无端的责难，被他人讥笑，面对不平的待遇，面对一切我们难以忍受的苦楚的时候，让我们发扬隐忍的精神，多一些理智，少一些鲁莽，只有这样，我们才能立足于世。

三月的佛堂里坐满了前来听禅的信徒，大师的说禅毫无趣味，加之外面春意融融，让人更加想打瞌睡。说禅还没有进行到一半，全场的人几乎都打起瞌睡来，只有一个人依然正襟危坐，专心致志地听着大师传授禅经。

看到他听得那么认真，旁边有个人劝他："大家都在打瞌睡，你为何一心一意听那单调乏味的佛理呢？这哪有睡觉好？"

他笑了笑说："你说得对，我也想睡。但就在我眼睛快要闭上的那一瞬间，我突然想，为什么不试试看自己在这种情况下能忍耐多长时间？听了一半，我觉得自己做得还不够好，我就提醒自己：下次争取忍耐得更长一些。如果以这种耐力去面对人生中的各种坎坷，还有什么过不去呢？我决定忍耐到底。"说完，他又专心致志地听起来。几年后，这个人成了明朝的开国皇帝，他就是朱元璋。

"置之死地而后生"这句哲理，就是朱元璋在耐心听禅的时候悟到的，也正是这句话让他义无反顾，推翻了元朝腐朽的统治，建立了明朝。

当然，忍耐并不是向命运低头。生活的艰辛在人们的心中埋下了太多的隐痛，忍耐却能使人相信：雨过必会天晴。

东晋时的刘湛是刘裕代晋自立的功臣之一，位高权重，深受刘裕宠信。刘湛出身于官宦世家，自幼博览群书，有宏图志向，常以管仲、诸葛亮自比。

刘裕死后，长子刘义符继立。然而刘义符却荒淫无道，当了两年的皇帝，就被掌权大臣徐羡之、谢晦等人除掉。于是，刘裕的第三子刘义隆做了皇帝。元嘉六年（429年），刘义隆重用彭城王刘义康，从此刘义康总揽朝政，手握朝廷大权。

刘湛原本是刘义康为彭城王时的一个官员，因他才华横溢，刘义康很欣赏他，两个人经常把酒言欢。随着刘义康的权势越来越大，刘湛也步步高升。

然而，身为皇帝的刘义隆虽然对刘义康十分信任，但是仍担忧刘义康有一天权势过大，无法控制。于是他起用领军将军殷景仁为尚书仆射，以此牵制刘义康。不久，刘湛因为刘义康的举荐，由太子詹事升任为领军将军。

要说这刘湛也不是什么君子。其实，在他初入仕途时，曾受到过殷景仁的推荐。但是此时的他不仅不感恩图报，还仗着自己有刘义康这个靠山，千方百计地排挤殷景仁。

殷景仁对自己当初举荐刘湛懊悔万分，但已无可奈何。为了避其锋芒，殷景仁便上书称病，想辞官回家。可是刘义隆却坚决不许，只允许他带职在家养病。刘湛见仍旧没有把殷景仁排挤出朝廷，又生一计，想要派人去刺杀殷景仁。但有人告诉了刘义隆，为了保护殷景仁，刘义隆让殷景仁搬到了离自己禁宫比较近的地方居住。刘湛的阴谋没有得逞，但他还是没有放弃杀掉殷景仁的念头。

面对刘湛、刘义康的权势，殷景仁有自知之明，他采取以柔克刚的方法，终日称病不朝，在家歇着。而刘义隆却离不开这位爱臣，每当有什么国事发生，他就会派人去殷宅咨询。殷景仁每问必答，为刘义隆出谋划策。然而这一切都秘密行事，外人根本不知，渐渐地，刘湛便放松了对殷景仁的戒心。

殷景仁就这样在家养病，一养就是五年。在这五年中，刘义康自以为是，野心膨胀，不把皇帝放在眼里，刘义隆非常生气，打算除掉刘义康。此时，刘湛的母亲病逝了。按照规定，刘湛必须主动去职回家守丧。

殷景仁让刘义隆先用诏书召刘义康入宫，留宿在中书省，使刘党没有出谋划策的人。刘义隆先召刘义康入宫，到了半夜，将他囚禁起来；接着打开东掖门，召殿中将军沈庆之入宫面授旨意，让他控制朝廷及宫中的局面；又分派兵丁去逮捕刘湛父子及刘湛死党刘斌、孔胤、刘敬文等；天明时，这些人已被投进大牢。当天晚上，刘义隆下诏公布刘湛罪大恶极，在狱中诛杀刘湛父子及奸党八人。至此，殷景仁终于为自己洗清了耻辱。

"忍"字所含的内容十分丰富，很有价值。 对付狡诈刁钻的小人，尤其要忍字当头，再寻时机才好。

装聋作哑保自身

人人都知道"祸从口出"这句俗语，很多人得罪别人或是被别人利用，往往都是因为说话不经思考。他们以为说两句话没什么大不了的，殊不知已经为自己埋下了祸根。

坦率诚实虽然是一个人正直的表现，但是这往往会让自己处于被动地位，有被人利用的危险。如果你懂得装糊涂的道理，就不会让自己所说的话成为别人的口实，这样更有利于明哲保身。

要想办成一件事，首先不要乱说话。当别人充满好奇地一再向你追问时，你不妨就说一些话来搪塞他。当别人被你的糊涂回答给弄烦了时，自然就不会再问了。

一次，慈禧太后患了一种奇怪的病，很多御医都无计可施。当时所有的大臣都急了，有人建议征召地方上的良医入宫试试。此时，两江总督刘坤一举荐了江南名医马培之。马培之是江南鼎鼎有名的"神医"，盛传可治百病。

听到马培之被朝廷征召的消息，乡里的百姓非常高兴，可唯独马培之眉头紧锁。他心想：京城是名医云集之地，既然他们都无法医治太后的病，那么就证明太后的病非寻常之病。倘若自己能够医好她的病，当然是好事，可万一要是医不好，就只有以死谢罪了。

不久，马培之来到了京师，开始到处探听有关太后病的消息。当时，关于太后的病有很多传说。有的说是"月经不调"，有的说是"失血症"，说法不一。马培之也很迷茫，于是他就去拜会太医院的御医，希望了解一些情况，可这些御医也说不出个所以然来。

就在此时，马培之认识了宫中的一位太监，于是他就请这位太监帮助他探听一下太后生病的原因，以及不为世人所知的实情。果然，马培之得到了一个小道消息：太后之病乃是小产的后遗症。马培之一听，异常震惊。太后已寡居多年，怎么会小产呢？吃惊之余，马培之似乎明白了许多，自然也就不那么紧张了。

不久，马培之见到了太后。经过一段时间的问诊后，再由太医介绍圣体病况。当时在场的还有另外两个名医，加上马培之就是三个人，他们三人依次为太后把脉。诊毕，三位名医分别开处方立诊治方案，再呈太后。太后看了前两个御医的方案，神色严肃。可是当她看了马培之的方案后，面有喜色，说道："你的方案不错，抄送军机及亲王府诸大臣。"

其实，马培之对慈禧太后的病因早已心中有数，这次把脉只不过是确诊罢了，太后患的正是产后失血症。马培之没有提一字有关妇产的病机，只当是心脾两虚医治，而在药方上也声东击西，用了不少调经活血的药。此举正中太后下怀。太后素来对医药略知一二，见马培之方案，甚合己意，而其他两位名医的方案尽管说明了病理，脉案明了，在医术上无可挑剔，但免不了投鼠忌器，让太后不喜欢。

后来，太后服用了马培之的药，果然康复了。马培之因此深得太后信任，留京良久。事后有人问他太后到底得的是什么病，马培之始终没说一个字，把别人弄得是云里雾里，最后终于不再问了。他也由此可以安享晚年。

对于"真相"，很多人总是充满好奇，然而这真相却不会带来好运，它就像一把双刃剑，既能救人，同样也能伤人。有些话，该说的时候可以说，但是有些话最好让它烂在肚子里。试想，如果马培之把此事到处宣扬的话，就一定会惹怒慈禧太后，后果只有一个，那就是丢掉脑袋。

把握住万分之一的机会

美国百货业巨子约翰·甘布士的成功经验是：不放弃任何一个哪怕只有万分之一可能的机会。

有不少自以为是的人对此毫不在乎，他们认为：其一，希望微小的机会，实现的可能性也很小；其二，如果去追求那只有万分之一的机会，还不如去买张彩票；其三，只有笨蛋才会相信那万分之一的机会。但是约翰·甘布士却不这么认为。

有一天，约翰·甘布士打算坐火车去纽约，可是之前没有订票，而又恰逢圣诞前夕，到纽约去度假的人太多了，导致很难买到火车票。约翰·甘布士的夫人打电话去火车站询问还有没有车票出售，得到的回答是："车票已经全部售光了。不过，倘若您不嫌麻烦的话，可以带着行李到车站去碰碰运气，看是否会有人临时退票。"车站的人强调说："但是这种机会或许只有万分之一。"

约翰·甘布士听了却欣然提起了行李，准备赶往车站，就好像他真的买到了车票一般。夫人担心地问他："约翰，要是你到了车站没有买到票，那如何是好呢？"约翰·甘布士回答说："那有什么关系？我就当是拿着行李去散步好了。"

约翰·甘布士到车站后，等了很久，没有遇到退票的人，乘客们都纷纷涌向月台。约翰·甘布士也没有像别人一样急着往回走，依旧等着看有没有人退票。终于在距开车时间大约还有6分钟的时候，一个女人匆忙赶来退票了，因为她的女儿病得不轻，她无奈只好改坐下一趟车。

约翰·甘布士如愿买到了车票，搭上了去纽约的火车。到了纽约，他打电话给夫人。在电话中，他高兴地说："亲爱的，那万分之一的机会被我抓住了。"

在此之前，有一次，他所住的地方丹维尔经济不景气，不少工厂和商店纷纷倒闭，开始被迫贱价抛售自己积存已久的货物，袜子的价格甚至低到了1美元可以买100双的地步。

当时，约翰·甘布士还只是一家织造厂的小技师，他马上用自己辛苦挣来的钱收购低价存货。人们见他这样，都说他太傻了，但约翰·甘布士对此置若罔闻，依然收购着各工厂所抛售的货物，并租了一间很大的货仓，用来储存货物。

他的夫人很疑惑，认为这样会吃大亏，劝他不要购买这些廉价的抛售品，因为购买抛售商品的钱是他们多年的积蓄，是用来作为子女教养费的，并且已经所剩无几了。对于忧心忡忡的妻子，约翰·甘布士笑着安慰她说："相信我，3个月以后，我们会从中获利很多。"

过了10多天，那些工厂将实在卖不出去的货都一把火烧掉了。约翰·甘布士的妻子见此非常焦急，而约翰·甘布士却依然静静地等。终于，美国政府采取了紧急行动，稳定了丹维尔的物价，曾经贱卖的物品价格一下子猛涨了很多。约翰·甘布士因此大赚了一笔。后来，他用赚来的钱，开设了5家百货商店，生意越做越大，终于成了商业巨子。

约翰·甘布士曾在一封给青年人的公开信中说："亲爱的朋友，我认为你们应该把握那万分之一的可能，因为它将给你带来意外的惊喜。有人说，这种做法是智力障碍的行径，比买奖券的希望还渺茫。这种观点是有失偏颇的，因为开奖券是由别人主持，你无法控制；但这种万分之一的机会，却完全在于你自己。"

美国有一句谚语："通往失败的路上，处处是错失了的机会。坐待幸运从前门进来的人，往往忽略了从后窗进入的机会。"只有把握住这万分之一的机会，才能将机会变成实实在在的财富。

吃小亏占大便宜

俗话说，"吃亏是福"。聪慧者自然懂得"吃小亏占大便宜"的道理。通常最先尝到甜头的人，未必能在最后饱尝硕果。在现实生活中，人们面临诸多抉择，很多人通常是见到便宜就想占，生怕吃亏。但是，很多事实都告诉我们，如果一个人愿意吃点小亏，而不是事事都计较得很清楚，他日后必能得"大便宜"，也必能修成"正果"。相反，那些想占大便宜却不肯舍小利者，到头来非但便宜占不到，反而还会丢失更多。

杜林萍在上大学的时候，大家认为她心思太细腻，做事不那么雷厉风行，虽然通常会为她的好心而动容，但说实话，对于她的未来，大家都不看好。从学校毕业后，他们那一届毕业生大多被分到一家女性占多数的国营单位，大家觉得有点不自在，但杜林萍却很快跟她们打成一片。

　　杜林萍的单位吃年饭，一些妈妈级的同事们都带着自己的小孩来玩，一般没有结婚的女子，顶多出于礼貌过去逗孩子几分钟，吃饭的时候都躲得远远的，唯恐孩子全是油污的嘴和手弄脏了自己的衣服。但是杜林萍却不然，她看起来是真爱那帮孩子，她坐在小孩子旁边，喂他们吃饭，给他们擦鼻涕……结果自己不仅没吃好饭，而且干净的衣服也弄脏了。席终，她成了孩子们最喜欢的阿姨，妈妈们也很喜欢她。

　　结果，杜林萍成了升职最快的人。当初有一个名额分到公关部，出人意料，这人选竟是外貌平平、英文一般的杜林萍。可是，她似乎并没有什么高明的手腕，只是真诚待人，哪怕自己"吃点亏"。

　　那时候，每次过节，单位里照例会分一大堆年货，杜林萍的父母不在北京，很擅长吃亏的她，有足够的理由把年货都送给组长刘姐。虽然杜林萍在北京也有许多亲戚，但杜林萍很清楚刘姐对她意味着什么。果然，当领导来征求刘姐如何看待新来的大学生时，杜林萍的分数最高，领导通过刘姐最早了解了杜林萍。

　　还有一次，大家起哄让主管请大家吃火锅，起因是主管一向很节约，但那次因为得了奖，而且奖金不菲。去的时候，杜林萍让大家先行，说有点事要办，但特别叮嘱大家要去包房，要等她到了才点菜。大家坐了好一会儿，杜林萍才到，拿了一大包超市里买来的东西，神秘无比。等服务员一出包房门，杜林萍马上从购物袋中拿出她从超市里买来的蛋饺、鱼圆、蟹肉棒、午餐肉、芋艿、年糕……这样，每次趁服务员出去加汤的当儿，杜林萍就把这些东西放在汤里，结果，大家只花了很少的钱，就在那家有名的火锅城海吃海喝了一番。

当然，那天最高兴的就是做东的主管。虽然大家有点不看好杜林萍的做法，觉得二十出头的女孩子，弄得像一个斤斤计较的主妇似的，但杜林萍却很快就被提升了。最后，杜林萍是在北京的同学中最先买房、买车的人。众人心悦诚服，她那些小损失，换来的却是大回报。

有的人放弃、让步，或是吃些小亏，不是因为他们真的很傻，而是因为他们明白，自己不可能获得所有的机会和利益，既然如此，还不如自己吃一点小亏。这看上去似乎有些损失，但回报丰厚。而不懂得这样做的人，虽然表面上看来，一时得到了机会和他想要的东西，但从长远来看，他却失去了更多利益。

人行走于世，如果我们心有所想，那么在"吃亏"与"得福"之间，就不能总盯着眼前的利益去计算。换句话说，人生的每一步，都要为将来着想。着眼于未来，吃点小亏，才能有更大的回报。

不懂吃亏，就不能完美地领悟人生；不懂吃亏，就不会成就一番事业。其实，吃亏是一种美德。

要"西瓜"还是要"芝麻"

"捡起了芝麻，丢掉了西瓜"，而善用心计的人，懂得"芝麻"和"西瓜"之间的取舍之道。

我们丢掉"小芝麻"，是为了得到更大的"西瓜"。只有以"吃亏时就糊涂一下"的做人原则来为人处世，凡事多谦让别人一些，自己吃点小亏，才会顺风顺水。

常晓云常常用办公室电话打私人电话，部门同事曾经提醒过她不要这样做，可常晓云却是一副无所谓的样子，还说其他部门的人都这么做，自己不用白不用。她在自己办公室打私人电话也就算了，有一次，她出差到外地公司，依旧用人家办公室的电话聊私事，短则20分钟，长则达一个钟头。

好景不长，出差回到公司后，常晓云立即被炒了。原来，外地公司的经理早就发现了常晓云的行为，只是不好直接当面说，但当常晓云工作结束后，便把这一情况汇报给了常晓云的部门经理。公司领导知道这一情况后很生气，立刻炒了常晓云。

爱贪小便宜的人，就算此人工作能力再强，业绩再突出，但有这个毛病，个人形象都会大打折扣，也无法让人对他产生好感。

"吃亏"与"占便宜"，正如"祸"和"福"一样，是相互依存又可以相互转化的。

杨士奇是明朝时历任五代的大臣。他谦虚和善，以公正待人，从不存偏见，受到历代君臣的称赞。自明惠帝以后多年，杨士奇曾担任少傅、大学士，受到重用。明仁宗即位之后，让他兼任礼部尚书，不久又兼兵部尚书。

皇上这般倚重自己，杨士奇心中很是不安。他向仁宗皇帝辞谢，说："我现任少傅、大学士等职务，再任尚书一职，实在愧不敢当，更怕群臣背后指责。"仁宗皇帝劝解说："黄淮、金幼孜等人都是身兼三职，并未受人指责。别人是不会指责你的，你无须推辞！"杨士奇见君命难违，不能再推，就诚恳地要求不接受兵部尚书的俸禄。他认为，兵部尚书的职务可以担任，工作也可以做，但丰厚的俸禄就无须给了。

仁宗皇帝说："你在朝廷任职 20 余年，我因此特地要奖赏你才给你丰厚的薪水，你就不必推辞了。""尚书每日的俸禄可供养 60 名壮士，我现在获得两份俸禄已不安，怎么能再加呢？"杨士奇再三解释说。这时，身旁的另一名大臣开导他说："你应该辞掉大学士那份最低的俸禄嘛。"杨士奇说："我有心辞掉俸禄，就应该辞最好的，何必图虚名呢？"仁宗皇帝见他态度这样坚决，又确实出于真心，最终接受了他的请求。

杨士奇能够让出自己的俸禄，是难能可贵的。正因为他主动让利，才让皇帝更信赖他，认为他一心为国，不谋私利，是靠得住的大臣。这也是他能够在人事复杂的朝中安然度过五代的根本原因。

如果大家为他人多想一些，那么这个世界也将变得更美好。这样看来，吃亏不但有利于个人，更是人类的福分了。

第七章

会办事，关键就在你的操控力

软磨硬泡的绝招

要说世上什么事最难，可能算是托人办事。因为找人办事就要低人一等，就要看人脸色。倘若没有点恒心和毅力，恐怕很难如愿。

要说办事能磨，宋朝宰相赵普是其中的高手。赵普作为宋朝的宰相，曾为宋太祖立下了汗马功劳。

赵普年少时，没什么文化。当了宰相以后，宋太祖觉得他读书太少，就经常劝他多读点书。赵普自然注意到了这一点，所以他经常把自己关在屋里，读书识字。

赵普办事精明果断，非常受赏识，这除了跟他的智慧有关外，跟他的性格也有很大关系。赵普这人办事跟别人很不一样，很多时候，别人吃了瘪，他却能如愿以偿。到底他有什么妙计呢？说到底就是一个"磨"字。很多次，宋太祖都因为他的"磨功"而举手投降，甘拜下风，搞得宋太祖真是哭笑不得。

据说有一次，赵普要向宋太祖推荐一个人做官。赵普本以为他跟皇上感情这么好，皇上一定会仔细考虑自己的建议，可是没想到整天国事缠身的宋太祖却并没放在心上。赵普已经等了几天了，仍没有任何消息。这要是换成了别人，也许就不提这茬了，可这不是赵普的风格。于是，在一次早朝上，赵普又提起了此事，让他大感失望的是宋太祖竟没有同意。赵普心里虽然纳闷，但却没有气馁，大有一副越战越勇的劲头。于是他在第三天上朝时，又呈上了奏折，还公然在朝堂之上让皇帝答应他。只见赵普一人在那口若悬河，滔滔不绝，站在一旁的文武百官们心里很紧张，心想此人还真是脸皮厚，不知趣，万一惹怒了皇上，连命都保不住。

果然，宋太祖终于被他给激怒了。盛怒之下，宋太祖把奏折撕成两半，气恼地摔在地上，然后拂袖而去。赵普见此次劝说不成，便把奏折捡回保留。回到家后，他小心翼翼地将撕碎的奏折重新粘好放了起来。都说牛的脾气很倔，可是这赵普不比牛差。过了几天，赵普又将奏折带着上朝，见到宋太祖他没说一句话，将粘好的奏折举过头顶立在太祖面前一动不动。眼看着赵普一副固执的样子，宋太祖一时哭笑不得，只好接受了他的意见。

可以说，赵普简直是"磨功"的专家。还有一次，赵普又要提拔一名官员，但是这个人不讨皇帝喜欢，所以就像上次一样，宋太祖根本对赵普不理不睬。这在赵普看来十分不妥，他觉得身为一国之君，不能仅凭个人喜好去用人，所以他又开始施展他的"磨功"。被赵普这么成天盯着磨，宋太祖气得直跺脚，便说了："我就是不同意，你能怎么样?"赵普哪会听他这一套，他说："古训说得好，有过必罚，有功必赏，皇上不应该以自己的好恶去用人。"

宋太祖简直被他气得无语，一甩袖就往内宫走。他想就把赵普晾在那里，看他还会怎样。可是当宋太祖走到内宫门口，回头一看，赵普一直都跟在后面。宋太祖简直气急败坏了，就让人关了门。赵普岂会轻易放弃，你关你的，我站我的。过了很久，看门的卫士见他还是不走，只好向宋太祖禀报。

这时候，宋太祖的火气也消下去了，就叫卫士通知他，说皇上已经同意他的请求，叫他回家。这一仗，赵普又胜利了。

赵普之所以能办成事，就是因为他有一手了得的"磨功"，他认为态度再强硬的人也会受不了别人的软磨硬泡而放弃立场。

而生活中，我们常常是因为放不下面子，不愿求人，因此很难成功。

磨人就是一种坚持。不去在乎对方的态度，而是坚持自己的意见，在事情没到绝路之前，都有机会让对方答应自己的要求。当然，这里头有窍门，切不可消极等待，而是要采取积极的行动影响对方，感动对方，促进事情的发展。

既然有求于人，就难免有点自卑，少不了看人脸色，讨好别人。我们找人办事，如果是碰了个软钉子还算不错；万一遇上强硬的，碰了一鼻子灰，甚至鼻青脸肿，那就更惨了。所以，我们不妨学学赵普。

求助于别人，这是件难事。很多时候，对方面露难色，态度冷淡甚至表示拒绝，都是可以理解的。你千万不要因此觉得丢脸，认为受了侮辱而打退堂鼓。

人的一生不可能总是一帆风顺。办事情也是一样，就算你很有能力，也不可能让每一件事都水到渠成。好事多磨，没有充足的耐力和持久的信心，你无法实现自己的目的。

坐收渔翁利

二虎争食，一死一伤，谁也别想得利，而真正得利的却是那个坐在一边的第三者。在社会上生存，讲究的也正是此道。

中国历史上就有很多"坐山观虎斗"的典型故事。

东汉末年，战乱四起，与此同时，朝廷内部的矛盾也渐渐暴露。以大将军何进为首的外戚势力和以张让为首的宦官势力之间的冲突愈演愈烈，已经到了不可开交的程度。为了能够一下子消灭宦官的力量，何进密召董卓带兵入京。

在此之前，董卓正以并州牧之职坐镇河东，他一直酝酿着谋反，只是时机尚未成熟而已。于是，他便拥兵自立，静观朝中何进和张让之间是怎么互相争斗的，想找到一个最佳时机，待机而动。接到何进的密令后，董卓认为时机已经到了，当即传令各路人马向洛阳进发，同时还急忙奏书上报朝廷，传扬天下。他在奏书中指责张让他们居心不良，大逆不道，是大汉的罪人，并且宣布自己要亲领大军，到洛阳讨伐奸臣。

其实董卓的这份奏书是大有文章的。通过这份奏书，董卓不仅把自己说成了一个除暴安良、为民除害的形象，而且还向宦官集团泄露了何进的密令。

董卓此举真可谓是精明至极，他的目的就是让张让同何进互相控制，迫使他们互相残杀，而后他自己可以坐收渔翁之利。

果然，董卓的如意算盘没有错。张让等人见到奏书后，自感大事不妙，就打算先下手为强，设计杀掉何进。何进部下袁绍、袁术两兄弟率众攻打皇宫，将张让等人一并诛杀了。这样，当董卓率军起到洛阳城外时，外戚与宦官集团双方互有死伤，他不费吹灰之力，便成了这场政治斗争中的赢家。

董卓充分利用了这次事件，达到了"坐山观虎斗，坐收渔翁利"的目的。

同一时期，还有哪一个人做了和董卓一样的事呢？那就是曹操。

大将关羽被东吴陆逊擒获，孙权为此心情非常愉快，想到刘备的这员威震四方的虎将竟然死于自己部下的手里，很是得意。而最为重要的是，关羽一死，刘备便失去了左膀右臂，势力将大不如从前。所以，要对付刘备就很容易了。

就在此时，谋士张昭以为孙权过于志得意满，难免会使得孙权放松警惕，不思进取。于是进宫求见，对孙权说道："您为什么这么高兴，虽然我们擒杀了关羽，灭了刘备的威风，但这也不一定就是好事呀！您杀了关羽父子，刘备肯定会来报仇的。如今的刘备拥有两川之兵，身边围着一群足智多谋、能征善战的人，一旦他打了过来，恐怕东吴是很难抵御的！"

孙权这才恍然大悟说："我真是高兴过头了，可事到如今，该如何是好呢？"张昭说道："主公不必忧虑，我倒是有个办法。如今，曹操拥百万大军，早有南下的野心。倘若刘备要兴兵报仇，就要考虑曹操的势力，所以，他必定要与曹操讲和。一旦两军联手，我们必然失败。所以，当务之急是拉拢曹操，阻止曹操和刘备联手才行。"孙权觉得张昭说得很有道理，便问："请问我们应该如何把曹操拉拢过来？"张昭笑了笑说："我们派人把关羽的人头送给曹操，刘备就会认为关羽之死与曹操有关。那么刘备定会对曹操怀恨在心，他当然就不会攻打我们，而去攻打曹操。两军对打，我们便坐山观虎斗，以便从中获利啊。"

孙权听后，立即派使者拿一个木盒装着关羽的头，送到了曹操的军营里。

曹操因为不久前曾被关羽打败，心中余怒未消，此时看到关羽头颅摆在自己眼前，心中顿时轻松了很多。他如释重负地说道："云长已死，这事大快人心！"话音未落，司马懿突然站出来大声说道："主公切勿如此高兴，依臣看这是孙权想要陷害我们！"

曹操被他的话惊住了，问他何出此言。司马懿道："刘、关、张乃是桃园结义、同生共死的兄弟。现在孙权杀了关羽，害怕刘备举兵报仇，因此才给你送关羽的脑袋，刘备知道后，必然会迁怒于我们，不再攻打东吴，而要找我们报仇。当我们和刘备两败俱伤时，孙权可是要坐收渔翁之利啊！"

曹操一听，如梦初醒。司马懿继续说道："您把关羽首级好好安葬了。那么刘备恨的就不会是我们，而是孙权了。这样他就会尽力东征，如此一来，坐收渔翁之利的就是我们了。到时候我们只要联合兵力强的那方，消灭另一方就是轻而易举的事了。而剩下的那一方，我们大可不必操心。"

曹操大喜，立刻下令好好将关羽安葬。曹操还亲自在灵前拜祭，并追赠关羽为荆王，派官员长期守护关羽之墓。

刘备听说后，不再仇恨曹操，更是视孙权为眼中钉、肉中刺。虽然诸葛亮等人对他苦苦相劝，但是已被仇恨冲昏了头的刘备一点也不听。不久，他便亲率水陆两军4万多人马，远征东吴，但是却被陆逊的火攻打败，蜀兵死伤无数。刘备只能仓促逃到白帝城，不久就病死了。蜀国因这次大败而元气大伤。

这样的结局当然很令曹操满意。曹操不禁大喜，认为统一天下的宏愿只是时间的问题了。

如果我们没有心计，那么我们随时都有可能成为利益争夺的工具。如果我们不幸处于下风，也就意味着，把本该属于我们的东西拱手让给了那些"坐山观虎斗"的人。

做事抓要害

很多人一天到晚忙忙碌碌，没有一刻停歇，却没有取得成就。

而有的人看上去十分悠闲，然而这并不妨碍他们轻松地处理事情。同样是一天 24 小时，对于不同的人却有不同的效果。原因何在？恐怕最重要的原因，就是做事能否抓住重点。

现实生活中，我们总是会面对各种各样的问题，有时还会有各种突发状况需要我们去解决。置身于纷繁复杂的事务中，有时真的会让人感到眼花缭乱。这时，做事效率低的人往往分不清哪个更重要，哪个更紧急，哪个是关键点，哪个是次要问题，把所有问题都一肩挑，他们只顾不停地做事，却少有梳理头绪的方法，最后不但没处理好事情，还让自己疲惫不堪。然而有心计、会算计的人在遇到问题和处理问题的时候，却总是有条不紊、一件一件地完成。不论他们身处的环境多么复杂，都能运筹帷幄。他们首先会安静下来，梳理工作头绪，然后仔细分析所有的任务，进而分出轻重缓急，先把那些最重要、最紧急的事情做了，再做那些次要的、不紧急的事，而对于那些无关紧要的事，他们做不完就放弃了。所以，他们处理事情的效率自然很高，既节省了时间又取得了成果。

一个做事效率高的人，一定是具有独特眼光的人，他往往很容易找到关键点，从而找到解决问题的方法。只有找到了事情的关键点，才能理解问题的实质。找到了解决问题的钥匙，所有难题也就迎刃而解了。

某酒店为招揽顾客，找了一个身体强健的人，让顾客可以打他肚子取乐。这样的营销策略顾客们还是头一次见到，都觉得新奇有趣，于是很多顾客都一试身手。可是无论顾客怎么打他，那人都纹丝不动地站在那里，顾客们都没劲地走了。

一天晚上，一位波兰人路过此店，看到人们集中在一起，就过去看热闹。这人不懂英语，于是旁边的顾客就怂恿他去试试，最终主持人用手势让他明白了是什么意思。波兰人听后，点了点头，便走了过去，脱下外套，挽起袖子，好像一定要成功。见他如此这般，挨打的人也深吸一口气，准备接受那一拳。可意外的是，这个波兰人不像别人一样打他的肚子，而是一拳击中了他的下巴。被打的人防不胜防，当即就被打倒在地。

做事一定要击中要害，找到事情关键的突破口，才是有效的方法。俗话说得好：蛇打七寸，牛击颈项。抓住关键点，然后迅速出击，这样才能成功。

　　一家机器制造公司因为一台电机出了问题而被迫停产了。公司老总大发雷霆，强令项目负责人迅速解决这件事。负责人赶紧请了一位电机工程师前来修理。

　　工程师见到电机后，什么也不说，只是瞪着眼看，弄得旁边的人都心急如焚，他们以为这个工程师是一个水货，在那儿不懂装懂而已。可就在他们快对他失去信心的时候，工程师突然拿出笔，在那个出现故障的电机上画了一个符号。旁边的人都被工程师的做法搞糊涂了，你看我一眼，我瞧你一眼，不知工程师到底要干什么。工程师见所有人都不得其解，就给他们解释起来。于是，在他的指导下，工人打开了机器开始修，果然机器很快就可以正常工作了。负责人终于长叹了一口气，心想这下终于可以交差了。

　　当他问这位工程师要多少报酬的时候，工程师却漫天要价，一张口就要了 1 万美元。负责人面露难色，就对这位工程师说："你只是随便画了一笔，怎么会值 1 万美元？你要得太多了。"工程师看了看他，认真地说："道理很简单，随意地画一笔如果只需要支付 1 美元，而知道在哪个关键部位去画，就值得支付 9999 美元。"

做事情我们应该究其本质，不然就会浪费许多精力。因此，成功之道在于抓住要害再动手。

要想提高做事效率，不能仅仅靠一双手的劳动，还应该有睿智的头脑，才能够抓住问题的关键所在。"百智之首，知人为上；百谋之尊，知时为先；预知成败，功业可立。"说的就是抓住问题的要害，这是每一个想成大事的人的重要素质。

过分自信要吃亏

自信是好事，自信可以让自己不惧困难，勇往直前，自信能够带来成功。但是自信得过了头，就会好事变坏事。

名将关羽，英勇善战，过五关斩六将，威名远播，敌人一听到他的名字就会不寒而栗。然而，就是这样一位令敌人生畏的名将，却在当时的无名小卒东吴将领陆逊和吕蒙的手里栽了跟头，最终功败垂成。

219 年的秋天，关羽在战胜了魏将于禁、庞德所部之后，领命乘胜追击，到了樊城。樊城是一处战略要害，一旦陷落，后果不堪设想，于是曹操让很有经验的曹仁镇守樊城。当曹操听说关羽率军进攻樊城后，吓了一跳，心急如焚。在此当头，谋士司马懿上前献计道："此时，孙权与刘备虽然表面联合，其实他们矛盾重重。当年刘备向孙权借荆州，说以后会还给他，可是如今刘备却迟迟不肯交出荆州，孙权对此十分恼火，很想要回这块地，只是没有机会。如果我们许诺把江南的土地让给他，再让他出兵攻击关羽的后方，这样危机不就解决了吗？"曹操一听大喜，于是马上写了一封信派使者交给孙权。孙权一看可能会得到土地，高兴得不得了，果然派大将陆逊、吕蒙领兵偷袭关羽的后方。

荆州位于魏、蜀、吴三国之间，是南北交通要道，一直是战略重地。赤壁大战后，曹操、刘备、孙权各自有荆州的一部分，其中刘备的地盘最大，孙权出于联合刘备共同抗击曹操的需要，让刘备又控制了南部。因此，荆州实际上是在刘备的控制之下。刘备入川后，荆州交由大将关羽镇守。

关羽在此次出征樊城之前，本来考虑到了荆州有可能被袭击，为此他打算安排一员守将镇守荆州以防东吴偷袭。东吴守将吕蒙很有阴谋诡计，为了麻痹关羽，他故意称回京都建业养病，然后让名不见经传的陆逊代替自己。陆逊也不是省油的灯，到任后，立即派使者带着他的亲笔信和一份厚礼去拜见关羽。此时关羽并不知道这个陆逊是何许人也，不禁有点小看他。信中陆逊对关羽大加吹捧，对自己百倍贬损，并向他表示愿蜀、吴两家永世和好。关羽读罢书信，认为陆逊不过是一个没见过世面的人，料他也不敢偷袭荆州，于是便下令把所有军队调动到樊城前线去。关羽自认为没有后顾之忧，樊城也不是问题。可就在此时，关羽忽然得报东吴军偷袭了自己的后方，而且公安、江陵等地都已经被东吴军攻陷了。关羽一听，赶紧班师回去。但吕蒙老奸巨猾，他攻占公安、江陵等地后，刻意安抚蜀军家属，蜀军将士得知家属平安，一个个离关羽而去，投降了东吴。关羽无力回天，败走麦城，最后死在吕蒙手里，荆州就这样被东吴夺了回去。

可以说陆逊的书信是这次战役的关键。信中陆逊极尽吹捧之能事，让关羽飘飘然起来，进而麻痹大意，疏于防范，而导致兵败，最终地失身亡。关羽失败的原因，就在于他太过自信，没有把陆逊放在眼里，自然就没有提防他。而陆逊也正是利用了关羽的这一点，最终偷袭成功。

别盲目行事

做事没有目标的人，就像是地球仪上的蚂蚁，看起来一直往前爬，却永远也找不到终点。盲目行事、没有目标的人生是没有收获的人生。没有明确的目标，或是目标不专一的人，无论付出多少努力，也不会有好结果。

成功学家戴尔·卡耐基有一句名言："不为正确目标去奋斗的人就像个玩物丧志的孩子一样，他们不知道自己所要的是什么，总是茫然地噘着嘴。"每个人都想要成功，要想获得成功，就要在开始行动前给自己树立一个明确的目标，再制订计划。人一旦有了梦想，有了目标，就会为了实现这个目标尽心竭力，发愤图强。

目标对我们每一个人来说都很重要，没有目标，我们就会像迷失方向的船。为什么有的人能成大事，原因就在于他们有明确的目标，少走弯路，向着预订的目标一步一步前进，直到最终获得成功。而那些做事没有目标的人，像一群无头苍蝇一样，看起来忙个不停，到头来却只见忙碌，不见收获。

当我们有了目标与方向，就有了进步和成长。在为实现理想而奋斗的过程中，价值得到了实现，而人生就会更加绚丽多彩。

做事要有目标才能把事情做好。只有对一件事情执着，坚持到最后，抱着不达目的誓不罢休的态度，才能获得成功。因此给自己的人生定下目标，是至关重要的。

做事要有计划，有目标，然后为此而努力，才能获取成功。会算计的人都有一个明确的目标，都有一套可进行的计划，并且会花费最大的心思和付出最大的努力来实现他们的目标。

变相"要挟"也可行

在审理案件的时候，变相"要挟"是一种常用且有效的策略。法官故意说出已知的信息，使犯罪嫌疑人相信，证据已被全部掌握，坦白从宽，抗拒从严，于是犯罪嫌疑人会如实交代自己所做的或所知的。

求人办事遭到拒绝后，你也可以变相地"要挟"对方。当然这种要挟不是真正的胁迫，而是从理论上为对方做出某种假设，合乎情理，通过心理战让对方改变原来的想法，从而达到办成事的目的。

有一位幼儿园教师是个十分热心的教育家。有一天，她去图书馆，想给孩子们借一些书。

她询问图书管理员："我想借 20 册可以吗？因为幼儿园有 20 个孩子。"

图书馆的管理员告诉她："图书馆规定一人一次最多只能借 3 本书。"

幼儿园老师并不甘心："那么多孩子，总不能只让其中的 3 个孩子看吧，您能不能通融一下。"

"这是没法通融的，规定是对所有人的，不只是你。"图书管理员似乎无动于衷。

幼儿园老师听了以后说："那好，以后每周我都带幼儿园的小朋友来，一人借一本书总行了吧？"

"嗯……这样吧，您的情况特殊，我就破例一次吧。"

原来很顽固的图书馆管理员，居然改变了态度，让这位老师一次借走了 20 本书。

在这个例子中，幼儿园老师使用的就是变相"要挟"的策略。当她提出一次要借 20 本图书时，遭到了严词拒绝。按常理来讲，针对这种特殊情况，适当破例也是可以的，不过，管理员似乎并不通情达理。在这种情况下，幼儿园老师只好在不违反规定的前提下，通过加大借书的人数来"要挟"管理员，最后达到了自己的目的。

在日常生活中，变相"要挟"的方法只是一种非常手段，全凭一身"厚黑"功夫，本不值得提倡，但是，鉴于对象的品格、为人等不同，有时使用这种办法也无可厚非。

但是，需要提醒的是，别动不动就煽风点火，要知道物极必反。没人喜欢被威胁，你需要事先掂量威胁成功的可能性，如果无关痛痒，那么你的威胁就毫无意义了，如果对方来个倒打一耙，告你一个诬陷罪，那可就弄巧成拙，得不偿失了。所以，此法需要三思而后行，千万不可莽撞地铤而走险。

佯装糊涂，以假作真

有一位小姐在某单位工作五六年了，谈了几个男朋友，都因为她的工作而告吹。

半年前，又有人为她介绍了一个对象，小伙子长得不错，而且不嫌弃她的工作，那位小姐高兴极了。两人进入热恋之中，商讨怎样办婚事，决定先领证，再排队等房，一旦有了房子，马上举行婚礼。

去开领证证明那天，刚好所长值班，所长就一边开证明，一边与那位小姐拉家常。见小姐姓冷，便说道："你这姓很少啊！"冷小姐无心交谈，答道："哦。"所长接着说："你和县长同姓啊，你们是亲戚吗？"冷小姐对此没有回答是还是否，因为她没有心思与他闲聊，只等拿证明。所长进一步推理说："县长没有女儿，那你一定是他的侄女了。恭喜你，冷小姐。"所长十分利落地把证明开完，并热情地送走了她。

经所长之口，县长侄女结婚的消息不胫而走。

冷小姐回到单位，领导马上找到她说："你是县长的侄女，怎么不早说啊？现在的年轻人像你这样的实在很少，不错，不错。"接着又说："鉴于你工作认真负责，决定替你换一个工作，将你调到局里办公室，调令不久就会下来，好好干吧，前途无量啊！"

没过多久，房管局的副局长亲自找到冷小姐，说："对不起，冷小姐，由于工作繁忙，要房子的太多，所以没有及早替你办理好。我们研究发现现在没有很好的房子，只好让你再等一下啦。"

"只要你为我记着这事儿，我等等没关系的。"冷小姐顺势说。

不久，冷小姐顺利拿到了两室一厅的钥匙。

县长侄女要结婚的消息越传越广，冷小姐也因不吹嘘自己，一时被传为佳话。

终于，冷小姐结婚了。婚礼异常热闹，各大局领导纷纷光临，送来贺礼，祝福冷小姐与新郎新婚幸福，白头偕老。

但参加婚礼的人没有一个见到县长，虽说有些遗憾，却也都能理解：县长忙，暂时顾不上到场……

冷小姐沾了冷县长大大的光，她对人们传说她是县长侄女的事从来也没有否认过，尽管她跟冷县长根本就没有关系。

这个例子也给我们一个启示：在日常生活中，可以巧妙地找个合适的人处好关系，一些难办的事情就变得好办多了。

不必羞怯

　　一说话就脸红，一笑就捂嘴，一出门就低头，这是许多天生羞怯的人的共同表现。但是，羞怯却是办事的天敌。在求人办事的时候，我们的首要任务就是要战胜羞怯。

　　羞怯似乎是人的一种与生俱来的品质，从某些领域来看，羞怯并不是一个贬义词，有人甚至认为"适当的羞怯是一种美德"。但若带着羞怯去办事，"美德"就很有可能变成"没得"了。

　　在现实生活中并不缺乏羞怯之人，他们对自己缺乏信心，不喜欢公开亮相，竞争心不强，遇事犹豫不决，很不擅长交际。羞怯不仅不利于一个人办事成功，甚至有可能造成心理障碍。许多羞怯的人都希望自己能变得乐观、外向一些，以适应现代社会。

　　那么，是什么原因导致人的羞怯呢？一般来讲，羞怯是由先天和后天因素的双重影响所致。有人认为后天影响更大些。据观察，有些羞怯的人在自己的孩提时代并不羞怯，后来由于学习、身体等方面的原因，压力太大加之自己十分在意别人的看法与评价，最终才形成羞怯的性格；也有一部分人是由于童年时父母的影响导致的，有些家长不鼓励自己的孩子和同年龄的孩子玩耍，长期下来也会使孩子形成一种自闭而羞怯的性格。鉴于羞怯形成的原因，要想克服，应主要从以下几个方面做起：

1. 提高认识

要确信性格能被人为改变，如果你已形成羞怯的性格，也可以通过努力来变得乐观、外向。 要避免羞怯，关键是要少考虑自我，多考虑他人，多考虑如何与人交往。 另外，要敢于承认羞怯。 这样当别人注意到你时，你才不会紧张或刻意掩饰自己，才能自然而随和，也只有这样，你同别人的关系才能更加密切和友好。

2. 乐于表达

首先你必须学会尊重别人，不要让别人觉得你高高在上，这样别人才会喜欢与你交往。 同时，为人要热情、开朗，要表现出乐于与人交往。 如果终日沉默不语，别人便不愿搭理你。 只有乐于表达，才能慢慢地善于表达，只有在别人觉得与你交谈乐趣横生时，才愿意与你交谈，你也才能从羞怯的阴影中摆脱出来。

3. 关注他人

你要留心他人的生活，了解对方最感兴趣的话题与行为。 这样，与人交往时就能投其所好，容易与对方成为好朋友。

凡事不可操之过急

求人办事，一定要有耐心，沉得住气。 有些人在求人办事时心急火燎，巴不得对方马上就给办好。 如果对方暂时无动静，便沉不住气，一催再催，搞得对方很不耐烦，这样做往往会适得其反。 也许，对方有自己的难处，不得不慢慢做打算；也许，他真的无能为力。 不过，无论对方处于什么境况，我们都要有耐心。 有句话叫"用人不疑"，就更别说你是求人了。 既然求了对方，就要充分相信对方。

战国时，魏国的国君打算攻打中山国。有人向他推荐乐羊，说他文武双全，一定能攻下中山国。可是又有人说其子乐舒此时正任中山国官职，怕乐羊不肯受命。后来，魏文侯打探到乐羊曾经拒绝了中山国国君的邀请，还劝儿子离开荒淫无道的中山国国君，这才决定重用乐羊，派他带兵去征伐中山国。乐羊带兵很轻易就打到了中山国的都城，然后按兵不动，只围不攻。这样过了几个月，魏国的大臣们开始议论纷纷，可是魏文侯不听他们的，只是不断地派人去犒劳乐羊。

又过了一段时间，乐羊依旧按兵不动，他的手下西门豹忍不住询问原因，乐羊说："我之所以只围不打，就是为了让中山国的百姓们看出谁是谁非，这样我们才能真正收服民心，你以为我是为了乐舒吗?"又过了一个月，乐羊发动攻势，顺利地将中山国都城攻下。乐羊留下西门豹坐守，自己带兵回国复命了。魏文侯亲自为乐羊接风洗尘，宴后，送给乐羊一只箱子，让他拿回家再打开。回到家乐羊打开箱子发现，里面全是自己攻打中山国时，大臣们诽谤自己的奏章。假如当初魏文侯听信了大臣们的话而沉不住气，半路罢免乐羊，那么可能就是另一番结果了。

同样，求人办事就像一场战争。 在这场战争中，你会遇到各种各样突发的、棘手的问题，只有那些理智的人才有机会取胜。相反，急功近利的人往往欲速则不达。

一定要明白：求人办事不同于求己，人家方方面面总是要考虑一下，有时候还要故意地做些姿态让你看看。这时候，你只能平心静气地等待。你若老去打听催问结果，不仅会让对方感到厌烦，还会怀疑你对他不信任，明明可以办成的事，经你这么一搅和，倒没有了希望，这叫得不偿失。所以，求人办事不能急于求成，沉得住气才能笑到最后。

掌握好火候去办事

任何事情都有轻重缓急，有的事情必须马上处理，延误了时间就可能有严重后果。但是有些事情，如果发生了马上解决，可能会火上浇油，使事态发展愈加严重，而冷却几日，则可能效果更好。所以，在办事过程中，要掌握时间，这对事情的成败很是重要。"将相和"的故事大家都耳熟能详，如果蔺相如在廉颇正气势汹汹之时去找他解释，廉颇可能一句也听不进去。这样不但不利于解决矛盾，反而极有可能引起冲突，激化矛盾。

为掌握解决冲突的火候，有人找到了一种"10分钟法"，即事情发生后，再等10分钟。这10分钟的时间，对方可能会向你道歉；这10分钟的时间，你的头脑会更清醒，而不至于在盛怒之下失去控制。

受到别人的伤害，我们很可能暴跳如雷，与其如此，不如暂且迫使自己先冷静下来，然后再去想应当怎样对待，因为大多数人都是无意识伤害我们的。善于办事的高手，都是以分清主次的办法来统筹时间，把时间用在最有"生产力"的地方。那么轻重缓急的区分标准是什么，如何设定优先顺序呢？有 3 个判断标准可供参考。

1. 我必须做什么

包括：是否必须做，是否必须由我做；非做不可，但不需自己亲力亲为，可以交给别人做，自己监工就行。

2. 什么能带来最高回报

应该用 80% 的时间做能带来最高回报的事情，而用 20% 的时间做其他事情。所谓最高回报的事情，就是符合目标要求或自己会比别人更擅长的事情。

前些年，日本很多企业家还把下班后加班加点的人视为敬业的好员工，可如今却不一定了。因为一个员工靠加班加点来完成工作，也许恰恰说明他工作效率低下。社会只承认有效劳动。

3. 什么能给自己最大的满足感

最高回报的事情，并非都使自己获得最大满足感，均衡才最为理想。因此，无论你地位如何，总需要分配时间做快乐的事情，唯有如此，工作才能让你有成就感。

通过以上"三层过滤"，事情的轻重缓急已经很清楚了。明确事情的大小主次后，逐步学习合理地安排整块与零散时间，不要避重就轻。事情肯定会有轻重缓急，先集中时间把最重要的部分完成，不重要就先放一放。利用好零散的时间做事，可以在不知不觉中完成烦琐的杂务。

懂得先走为上

所谓"先走为上"，是指办事者要学会审时度势，在自己的力量远不敌对手时，不要和对手硬拼，以卵击石，自取其辱。应该采取"走"的策略，避开是非，另辟蹊径。

1990 年，安德斯·通斯特罗姆出任瑞典乒乓球队主教练。通斯特罗姆平时对运动员指导有方，再加上其战略战术比较高明，使瑞典乒乓球队连年凯歌高奏。在 1991 年世乒赛上，他率领的瑞典男队赢得了所有项目的冠军。在 1992 年夏季奥运会上，他们又在男子单打中夺金，这块金牌也是瑞典在这届奥运会上获得的唯一一块金牌。

然而，处在荣耀之巅时，通斯特罗姆却突然宣布将于 1993 年 5 月世乒赛结束后辞职。通斯特罗姆的成绩如此辉煌，瑞典乒乓球联合会早已向他表示，非常希望延长其聘用合同，那么他为什么要在春风得意时突然提出辞职呢？很多人都想不明白。

很久以后，通斯特罗姆才解释了他辞职的原因。他透露说，自他担任主教练以来，瑞典乒乓球队成绩喜人，但是"现在我已感到很难激发我自己和运动员去争取新的引人注目的胜利。瑞典乒乓球队需要更新，需要一个新人来领导"。

其实通斯特罗姆用的正是"先走为上"的计策。在体育赛场上，没有永远不败的神话。通斯特罗姆在感到很难再去"争取新的引人注目的胜利"之际，果断地退下来，无疑是明智之举。这样不但保住了自己已有的声望，而且更新了瑞典队的力量。

在我国古代，晋国公子重耳的故事同样很好地说明了这一点。

公子重耳是晋献公的儿子。献公听信骊姬的谗言，逼迫太子自杀，岌岌可危下的重耳不得已流亡避难。在他流亡期间，他变得成熟干练，而且他还充分利用"走"来结交他的同盟者。这样他就在"走"的同时，策划推动晋国发生了许多有利的变化，最后，他终于在秦国大军的护送下归晋，国内百姓一路夹道而迎。

可见，留与走其结局如此迥异：留则无生路，走后得王位。这个道理在我们平时办事的过程中也是大有作用的。需要注意的是：走是为了等待时机，创造条件，而不是因此躲避困难，寻求安逸。

第八章

职场就是竞技场，为自己而战

"好人"要少当

职场就像是一个没有硝烟的战场，看似风平浪静，实则暗礁遍布。对于身在职场的每一个人来说，危险随时存在，很容易惹上麻烦。很多人为了混个好人缘，便处处当"好人"。殊不知，当一个所有人眼中的"好人"，其实比登天还难，因为众口难调。一个人不可能得到每个人的喜欢，这就意味着你所做的一切，是很难让所有人都满意的。

28岁的李然在一家广告公司上班。李然天生是个热心肠，最大的特点就是爱八卦。

一天下午下班，他和同事一起坐车回家，二人侃个不停。他从同事嘴里得知，公司领导要在近期突击检查全体工作人员。原因是领导认为目前公司员工的工作状态不是很好，不少人在上班时做别的事情，工作散漫，没有效率。为了整顿公司纪律，提高员工的工作积极性，领导决定要进行一次彻底的检查。李然一听，心想这可是天大的消息。一直以来，他很清楚同事们的工作状况，很多同事的心思压根儿就不在工作上。每天一上班，有的同事就在聊天，有的同事看小说，有的同事玩游戏等，没几个人是真正认真工作的。想到这里，他不禁一阵寒战。要知道，如果被领导查出来，那么轻则扣薪水，重则会被开除。

回到家里，李然二话没说，直接拿起电话就通知他的几个好朋友，要他们赶紧把电脑里的东西处理好，几个接到电话的人都一一照办了。在接下来的几天里，公司所有的人都显得异常平静，好像什么也没发生，李然也理所当然地以为这件事就此结束了。可是，出乎意料的是，平静的表面下其实正暗流涌动。更让他难以想象的是，此时的他，已经成了同事们的眼中钉、肉中刺了。

那些被领导收拾的同事都仇视他，他们认为他是在拉帮结派，厚此薄彼。所以，从那以后，同事们都把他当成了定时炸弹，刻意地孤立他，就算面对面碰到，也不会正眼看他一下。此时的李然开始郁郁寡欢，有些招架不住了，心里很委屈。他不知道自己错在哪里，以至于同事都这样对待他。

左思右想之后，李然决定提出辞职，给自己换个环境。可是，老天似乎是在故意捉弄他一样，就在他准备辞职之时，总经理把他叫进办公室，而接下来的一段话，更让李然如遭雷击。总经理竟然以他故意泄露公司秘密为由把他辞退了，并且告诉他，公司希望他尽快办理手续，因为公司已经安排了接替他的人员。李然站在那里一动不动。过了一会儿，他终于恢复了平静，转身离开了办公室。可事情还不止这样。由于李然在刚进公司时，跟公司签署了一份保密协议，协议规定离职一年内不得到其他同性质公司任职，这对只有一技之长的李然来说，实属雪上加霜。

其实，李然于情并没做错，他的初衷只是为了维护自己的朋友而已。但是当唯一被踢走的人是他自己的时候，我们就不得不说，李然一定是冒天下之大不韪了。就这一点，李然也的确是错了，而且错得相当愚蠢和幼稚。他的一番好心好意被同事们彻底误解了。

对于职场中人来说，职场就像是一张错综复杂的网，想把这张网理顺可不是一件容易的事。很多时候稍有不慎就会让自己置于尴尬的境地。如同李然，原本自己是出于"好心"，没想到却成了靶子。

像李然这样的人在现实中有很多。他们为了混个好人缘，总是会一厢情愿地做一些在表面上看来对同事"有利"的事。可是事实上，当你为一些人做事的同时，也在为自己树敌。天下没有不透风的墙，当这件事被一传十、十传百之后，自然就有你的苦日子过了。

要明白，人性有时是阴暗的。有些人会因为自己没有得到"实惠"而对你记恨在心，为了对你进行报复，他们会想尽办法来对付你。那么你就会永远活在他们的阴谋中。想想吧，如果你工作的环境每天充满着钩心斗角，你的心情会怎样，你还会专心工作吗，还会和同事们打成一片吗。到那时，你就是他们的靶子，他们会处处打击你、陷害你，甚至会以整你为乐。此时的你一定会被他们弄得心惊胆战，焦头烂额。而那些你曾帮过的人，在这时候也不会站出来为你说句公道话。想要摆脱这些纠缠，离开也许是你唯一的出路。

对于有心计、会算计的人来说，李然这样的错误他们是不会犯的。这些人在做每一件事之前都会考虑这么做是否对自己有利。因为他们清楚地知道，职场就像是一个无底的深渊，到处都充满着死穴和陷阱，如果不谨慎行事，就会落得个悲惨的下场。

不要无端被欺

　　职场中，和上司和谐相处并不容易。一方面，自己要拥护上司，这样才能确保自己有发展前途；另一方面，还要争取自己的利益，只有这样才能得到理应得到的尊重和待遇。一个有心计、会算计的人能猜透上司的心思，然后利用各种方法和手段来对付上司。尤其是在侵害到自己的利益之时，就要有心计，学会算计，从而为自己维权。相反，如果你在自己的利益受到损害时忍气吞声的话，后果只有一个，那就是吃哑巴亏，谁都可以欺负你。

　　陆涛大学毕业后进入一家广告公司工作，他性格沉稳，做事踏实，虽然才30岁，但是却并不像其他年轻人那样好争好抢。他兢兢业业、尽职尽责地对待工作，只要是上司交给自己去办的事情，不管多难，他都爽快地接下来，然后尽自己最大的努力去完成任务。很多人都觉得陆涛这样做很吃亏，公司里的很多人都只做自己分内之事，谁也不会去浪费自己的时间做不属于自己的事。可是在陆涛看来，他觉得只要安分守己地做好自己的工作，尽量完成上司交办的任务，那么即使得不到升迁，也不会因为惹恼上司而被开除。

　　很快，陆涛任劳任怨的工作态度就引起了上司的注意，上司想要的正是陆涛这样的人。所以，上司对陆涛的"好感"与日俱增，甚至不论开什么样的大小会议，都会带着陆涛一起参加。上司这样做的目的很"明确"，就是要"锻炼"陆涛，等到陆涛熟悉了业务后，就开始让他接手做业务。而陆涛又是一个滴水之恩涌泉相报的人，在他看来，上司既然栽培自己，那么为了感谢上司，自己今后做事就应该更加勤奋，任劳任怨。然而，让陆涛万万没想到的是，上司之所以这样对他，其实是有着自己的盘算的。上司早已经看透陆涛的脾气了，他知道，依陆涛的性格，就算他工作做得再多，也不会像其他人一样讨价还价。所以，对于上司来说，像陆涛这样的软柿子真是越多越好。

一天，上司把陆涛叫到办公室，告诉他说公司要辞退一个员工，自己不好开口，因为陆涛和这位同事熟悉，所以想让陆涛去说。陆涛二话没说，向上司打个保票，然后顺利地完成了任务。还有一次，上司说他被另外一个部门的经理气得头疼，不想再看到他，下午的一个会议就让他代为参加。陆涛十分高兴，一厢情愿地认为经理是看得起自己才会让自己去的。在参加会议之前，上司在陆涛面前动情地痛斥了那个经理，他是要让陆涛把他的话听在耳里记在心里，开会的时候给那个经理找麻烦。但是，尽管陆涛对上司如此信任和支持，可是，上司对陆涛却并没有多少特殊照顾，在他眼里，陆涛就是一个听话的员工。而之前上司之所以会对陆涛那样器重，只不过是他让陆涛给自己办事的手段。

陆涛就这样为上司卖力，一切都显得十分平静，然而接下来的变动却改变了陆涛的一切。由于公司在第一个季度经营不善，因此效益减少，为了扭转这种颓势，公司上层决定进行裁员。消息一发出，全公司的人都非常紧张。可想而知，谁也不想当那个被裁掉的倒霉鬼。就在所有人都像热锅上的蚂蚁时，陆涛却没有丝毫的紧迫感。他认为自己一直以来业绩不错，上司与自己关系又很好，就凭这一点自己肯定不会被裁掉。就在陆涛暗自庆幸时，上司把他叫进了办公室。陆涛不禁一阵兴奋，他以为上司有事与他商量，这就意味着上司是不会裁掉自己的。可是，当他站在上司面前的时候，他却被发生的事惊呆了。上司义正词严地对他说："陆涛，你知道公司现在的状况，公司高层为了扭转目前低迷的状态，决定裁掉一部分人。现在我给你两种选择：一种是你可以干满这个月，公司给你当月工资作赔偿，但是要算公司主动辞退你的，并记入档案；另一种是你自己辞职，没有赔偿金，最多只发给你这个月已经上班的 10 天工资算作补偿。"听到这里，陆涛如遭雷击，他怎么也想不明白，为什么自己一直以来兢兢业业，任劳任怨，最后却是如此下场？他隐隐约约猜到了上司的意图，他越想越为自己感到不平。他感觉自己简直就是一颗棋子，毫无主动权，任由上司摆布。于是，气愤至极的他决定为自己抗争一次。

他利用几天的时间找到了做律师的朋友进行了详细的咨询，努力找出对自己有利的政策条文，然后又把自己应该得到的利益一一列举出来。当这一切都准备就绪之后，陆涛开始行动了。他带好所有的东西回到了公司，直接找到总经理。

在总经理办公室，陆涛拿着有关文件，往日畏首畏尾的谦恭不再，他平静地说："总经理，根据《劳动法》规定，用人单位应当根据劳动者的工作年限，每满 1 年给予劳动者本人 1 个月工资收入的经济补偿。而在本单位的合同上这条之后加上了'工作年限不满 1 年的，按 1 年计算'。如此一来，如果公司要辞退我，那么我工作的前 3 年应该有 3 个月的工资补偿，今年虽未满 1 年，也应该按照 1 年计算再补偿我 1 个月的工资。所以，公司至少应该赔偿我 4 个月的工资。另外，还有……"

也许是因为陆涛的说辞有根有据，又是直接告到总经理面前，所以经理很快便妥协了，同意对陆涛赔偿 4 个月的工资。可是没过多久，陆涛就发现自己其实应该获得更多的补偿。抱着你无情我也无义，该是自己的"一样也不能少"的念头，陆涛再一次坐在了总经理的办公室里。他平静地对总经理说："我和公司签订的合同是到明年九月份才到期的，我现在被公司辞退，就应当提前 1 个月通知我。如果没有提前通知，又想让我现在就走，那么还应当再赔偿我这个月的工资，否则我就到有关部门为自己讨个说法。这个事情若是闹大了，我想不会对公司有什么好处。"陆涛说完之后，静静地等着总经理的答复。可是过了一会儿，总经理却莫名其妙地大笑起来，他边笑边走到陆涛的身边，亲切地拍着他的肩膀说道："其实，并不是我想辞退你的，只是你们经理总是在我面前一再说你工作能力不强，交给你的任务不能完成。但是，看到你如此坚持自己的利益，我觉得就凭你这一点勇气和坚持不懈的精神，相信你今后一定会做出很大成绩来的。所以，我决定让你留在公司。我相信你一定会凭借着自己的能力来证明给我们看，你是一个最棒的员工，而且日后若有机会加薪晋升，我也会第一个考虑你的。"

很多人以为只要自己有能力，能够做到尽心尽力地为公司做事，上司就能赏识自己，就可以让自己升职加薪。可奇怪的是，往往就是有这种想法的人，反而是最不容易升职加薪的。原因是在上司的眼里，这些人毫无心计。如果利用这些人给自己做事，他们既不讲价钱，还会竭尽全力做好。最重要的是，他们不会狮子大开口，一味地邀功。

所以，职场中人要牢记，一味地屈从势必会让自己成为一个谁都可以捏一把的软柿子，因而谁都可以利用你。与上司相处，一方面要尊重上司，认真做好本职工作，对上司交办的工作任务要不打折扣地完成；另一方面，自己的权利不要放弃，不要被上司当成是呼来唤去的工具。当损害到自己的利益时，要能够据理力争，拿起法律的武器保护自己。

学会套近乎

人际关系讲究的就是如何与别人和谐相处，这是一门艺术。对于每一个职场中人来说，如何与同事相处是很值得学习的事。这就像是一道门槛，若是你无法跨过这道门槛，那么你日后的道路难免会磕磕碰碰，不尽如人意。可当你会"套近乎"时，也许你的路就会变得顺畅许多。

冯毅是一家公司的经理助理。从他进公司开始，他就是公司里最勤快、最爱动脑筋的人。也因为他的表现，使得他成为经理眼中的一个可造之才。经理对他的器重大家有目共睹，甚至有很多时候，经理做什么决定时，都会习惯性地把冯毅叫去，和他详细地商量。就这样，冯毅逐渐成为办公室的领头人。因为他作决策快，有时候一场会开下来，大家还没搞懂经理究竟是什么用意，而他已经都安排好工作计划了。冯毅这样雷厉风行的工作作风，使得他所在的部门一直都保持着很高的绩效，所以，同事们十分羡慕他。

而在羡慕的同时，同事们也对冯毅很好奇。他们不知道冯毅到底为何如此神通广大，竟然可以让经理都对他刮目相看，而且还没有猜忌他。有的同事们干脆就直接去向冯毅取经，他们希望冯毅能给他们透露一些秘诀。冯毅也不藏私，大大方方地告诉他们自己的秘诀。他说自己每次都会录下开会的内容，再用心听几次，然后向经理请教一二，就可弄清答案和方向了。同事们听冯毅这样说，自然也就照做了。可是几次之后，同事们发现，似乎改变并不大。开会的内容着实让人昏昏欲睡，实在是太难了。此时，同事们对冯毅的毅力和"翻译"能力更加佩服了。

但暗暗注意一段时间后同事们才发现，原来冯毅的反应速度并不比别人快。而他之所以可以帮助经理适时地作出准确的决策，是因为每次开会前经理都会和他先讨论一下。也就是说，都是经理和冯毅一起作出这些决策的，而且与此决策的相关人事也都已经安排好了。同事们这才知道冯毅总能未卜先知、表现优异的诀窍了。虽然解决了这个疑问，可是另一个疑问又来了。为什么经理每次都要与冯毅商量决策呢？难道冯毅身上真的有什么特异功能？还是经理被他灌了什么迷汤，居然可以对他如此信任？

原来冯毅十分擅长与经理套近乎。每逢周末或是节假日，当其他同事都在悠闲地度过自己的假期的时候，冯毅却想方设法约经理和其他主管们去郊游、踏青、爬山。出去游玩总免不了东拉西扯地闲谈，而就是这样看似轻描淡写的闲谈，却是冯毅收益最大的地方。所谓闲谈，无非就是工作和生活上的小事而已。但是聪明的冯毅知道这些小事看似不起眼，但却往往能够拉近自己与经理之间的距离。事实上，冯毅也正是因为这样的闲谈，才知道很多秘密。这其中就包括很多经理在工作上的计划、部署甚至是重要的决策。有时候，经理需要找一个人来倾诉，而冯毅就是倾诉的对象。时间长了，冯毅就这样在不知不觉中对经理的很多事情了如指掌。而最值得一说的是，冯毅这样的渗透极其随意，润物细无声。由此一来，经理对于冯毅自然就不会存有什么防备之心了。

冯毅真可谓十分有心计，他深知跟上司套近乎的重要性。为了能够得到上司的欢心和信任，他着实把上司算计了一把。这样的算计显得合情合理、水到渠成。

谁都明白在工作中跟上司套近乎，让上司对自己有好感，对于一个想要在职场中谋发展的人来说，是何等重要。但是真正做到这一点的人却不多，事实上，有很大一部分人根本找不到方法。可以说，会套近乎的人一定是一个有心计、会算计的人。比如，不忘在他人面前赞美上司。当着上司的面直接给予夸赞，虽然也可以套近乎，却很容易被轻视，而且这种正面的歌功颂德所产生的效力很小，一旦失败反而会伤及自身。 会算计的人总是会在上司不在场时，大力地吹捧一番。 他们知道这些赞美总会传到上司的耳朵里。 想想看，当上司听到你在背后对他如此赞美时，他该是多么的高兴，他对你的好感当然也就会直线上升了。

当然，你的赞美一定不能肆意夸大。 这样的奉承不仅不会被认可，还有可能惹怒上司。 一般来说，"人各有所长"，如果你能够找到上司的长处和优点，然后再不失时机地对他吹捧一番，就一定会有很明显的效果。 自己的下属在其他部门是否受欢迎，上司对此很在意。 有时，自己的部下很有人缘，上司也感觉有面子。

石田三成是日本幕府时代一个有名的将领，但是在成名之前，他在寺院做僧人。

有一天，丰臣秀吉在外面行走，由于天气很热，又走了很久，丰臣秀吉感觉口干舌燥，希望能够找杯水喝。他找了很久，终于发现有座寺庙，就去讨水喝。这时候刚好石田三成看到了，于是就给丰臣秀吉倒茶。

他首先倒了一大碗茶，丰臣秀吉一下子喝完了；然后他又给丰臣秀吉倒了一碗茶，但是碗比刚才的要小一点，丰臣秀吉接过去又把它喝了；他第三次给丰臣秀吉倒茶的时候，丰臣秀吉发现这个碗更小。于是喝完之后，丰臣秀吉就很疑惑地问石田三成，为什么要这样倒茶。石田三成说："我给您倒的第一碗茶是凉茶，我看您十分口渴，需要喝很多水，这一碗茶是给您解渴用的；第二碗茶是一碗温茶，因为您已经喝了一大碗茶不会觉得渴了，这碗茶是给您喝水用的；第三碗茶是一小碗热茶，因为您喝过两碗之后就不会再喝大量的水了，这时候您需要的是慢慢地去品茶。"

丰臣秀吉听完之后，觉得此人心智不凡，便让他做自己的随从。后来，石田三成在幕府中成了一名赫赫有名的大将军。

不得不说，故事中的石田三成是一个"套近乎"的高手，虽然3杯茶很简单，但却包含着他"套近乎"的技术。他就这样轻而易举地得到了丰臣秀吉的好感，从此平步青云。

别总是自己出手

借刀杀人，说的就是自己不出面，让别人打击自己的敌人。充分利用各种矛盾，找到可以为自己所用的刀，然后再打击对方，这是一种智慧的策略，既可以保全自己，又可以达到打击对手的目的。虽然这招看上去有些阴险毒辣，但是社会环境如此，倘若你不精于此道的话，便只能挨打了。借刀杀人，正显出谋略的技巧，要善于从敌人内部的矛盾入手，寻其裂隙，挑起事端，将敌人势力瓦解，从而置敌人于死地。

我国历史上有很多人精于此道，以汉元帝时期的太监石显为例。

汉元帝时期，石显因善于奉承，深受汉元帝恩宠，势力逐渐强大了。石显仗着自己的权势，无恶不作。可令人不解的是，明明是他害了别人，可是大家却从不认为他是个十恶不赦的坏人。

石显是济南人，因触犯法律被处以宫刑，他走投无路只好做了太监。当时的统治者汉元帝是个明君，自从他即位以后，励精图治，非常重视法律的制定和执行。所以，当时的官吏一般都精通法律。石显是个精于算计之人，他知道要出人头地，就必须熟悉法律。因此，他整天研习法律。由于石显是汉元帝的近侍，又很会拍汉元帝的马屁，所以深得汉元帝宠信。汉元帝经常和他讨论一些法律问题，不久便提拔他做了中书令，掌握机要文献。

汉元帝虽想做个好皇帝，但是由于身体不好，所以不能经常上朝处理政事，于是就让石显帮他处理，石显开始飞黄腾达起来。石显心胸狭窄，自从他掌握了大权之后，对于之前那些得罪过他的人，开始一个个地加以陷害。石显又非常精明，每次陷害别人，他都能拿出可靠的凭证，让人无法指责他。一时间朝廷上下人人自危，生怕得罪了石显而遭到他的报复。

石显陷害的第一个人是大臣萧望之。萧望之在汉元帝当太子时便是他的老师，满腹才学，性格耿直，而且还是汉宣帝指定的辅佐汉元帝的顾命大臣。所以萧望之也深受汉元帝倚重，在朝中地位极高。汉元帝即位后，宠信石显，萧望之认为此举十分不妥，便上书劝谏汉元帝。不承想石显看到了这份奏章，自此心如蛇蝎的他就视萧望之为仇人，挖空心思地想置萧望之于死地。

萧望之还得罪了很多外戚，其中有一个叫郑朋的人。这个人是个儒生，为了从萧望之这里弄个官做，就上表攻击

164

许、史两家外戚专权，想讨好萧望之。萧望之给了他一个待诏的小官。后来，萧望之知道郑朋是个小人，十分讨厌他，也不再提拔他了。郑朋也视萧望之为仇人，不久投靠了与萧望之不和的史、许两家外戚。他把自己曾经上表攻击他们的事说成是受萧望之指使的，从而使他们仇视萧望之。同时他还不断找机会结交石显，石显得知此事之后，心想这下有机会收拾萧望之了。

石显找来郑朋和一个仇视萧望之的待诏，叫他们向皇上上书，劾奏萧望之离间皇帝与外戚之间的关系；然后，又趁着萧望之休假不在，叫郑朋等上奏章。汉元帝看过奏章后，叫太监弘恭负责处理此事。弘恭是石显的同伙，当然听石显的指挥。弘恭便询问萧望之，萧望之如实以答，承认了想整治外戚的事实。随后，弘恭、石显向汉元帝上报奏章诬告萧望之结党营私，企图独揽大权。汉元帝信以为真，还没弄明白奏章上"谒者召致廷尉"这几个字是什么意思，便准奏了。

其实，"谒者召致廷尉"就是逮捕入狱。直到萧望之入狱了很多天后，汉元帝才知道此事。他急召弘恭、石显追问，让他们把萧望之放了。石显这可急了，若这次不把萧望之整倒，日后萧望之肯定不会放过自己，于是他急忙去找外戚史高商量对策。史高便对汉元帝说："陛下刚即位，老师和几个大臣就入了狱，大家认为理由自然极充分，现在您若把他们无故释放且恢复官职，那就等于自己承认了错误，对您的威望有损啊。"汉元帝一听有理，于是只下诏释放他们，革职为民。

但不久之后，汉元帝想起了此事，觉得心里不安，就下诏令，封萧望之为关内侯，重新续用。石显顿时恐慌起来。

正在这时，萧望之的儿子上书替父亲喊冤，请皇上为其父平反。不料却使得汉元帝恼羞成怒，随即下令重新审理此案。官吏知道皇上的心意，哪敢据实办理，就向汉元帝报告说萧望之确实有罪。石显又继续落井下石，汉元帝决定批准逮捕萧望之。萧望之百口莫辩，最后服毒自杀了。石显就这样借刀杀人，除掉了萧望之。

石显终其一生官运亨通，和很多奸臣相比，却没受过什么打击。汉元帝死后，成帝即位。虽然成帝十分厌恶石显，屡次想借机把他除掉，但却苦于没有证据。无奈之下，只是把他赶回家了事。石显最终病死家中，这和石显善于自保不无相关。

机会不能等

"你不能等别人为你铺好路，而应自己去走，去犯错，然后走出自己的路。"这是一个获得成功的人说过的话。很多人因为求安稳，怕冒险，所以一辈子平庸无为。而成功之人获得成功的原因，是因为他们敢于为自己寻找机会，创造机会。

生活中，那些位于人生岔路口的年轻人，应该积极地冒险，敢于尝试不同的事情。美国的父母经常说的一句话是："你没有试过，怎么知道自己不喜欢呢？"每个人对自己的时间要充分利用，尝试做不同的事情，找到通向成功的路。唯有如此，才能拥有更多的机遇。

机遇往往都是瞬间出现而又瞬间消失的。善于把握机遇的人大多会有所成就，因此，关键在于把握机遇。敢于冒险，是成功人士的基本素质，只有敢于冒险，你才有成功的可能。

敢于抓住时机，敢于冒险的人才能改变世界，才能获得成功。生命便是探险，如果不是主动迎接风险，便是被动地等待风险的降临，冒险让你更有机会成功。

人生道路上这样的抉择有很多，这样的抉择是没有退路的，一个选择就会影响一个人的一生。当一个人选择守株待兔时，不知会等待多久，并且也可能是无结果的等待。

但当一个人选择"挑战"时，他就能勇往直前，虽然前面道路艰难，却可置之死地而后生。也许，挑战没有成功，但对强者来说，努力挑战总会成功。

当今社会，到处都充满了挑战，而每次新的挑战就是新的机遇，要善于迎接挑战，抓住机遇，真正利用好机遇。

在职场上，经常听到有人抱怨世无伯乐，自己的才能不被发现；或者怪领导不公，不给自己机会。聪明的人不会埋怨不公，他们要做的就是把握机遇，利用机遇，让自己成功。

老板不是盲人。如果自己的公司有出类拔萃的人才，他一定会知道。当然，作为人才，不能默默无闻，自我埋没。要学会将自己的能力显示出来，让上司记住你，适时、恰当地让人知道自己的业绩，甚至要有意无意地在公众和上司面前制造一些有影响的事件，如此这般，老板自然会对你印象深刻。

慈禧太后把持朝政达近半个世纪，是晚清真正意义上的独裁者。慈禧太后姓叶赫那拉，乳名兰儿，1852年入宫，号兰贵人，咸丰帝很是宠爱，1853年晋封懿嫔。1856年生子载淳，次年晋封懿贵妃。1861 年 8 月，咸丰帝病死热河，遗诏立载淳为太子即位，并任命怡亲王载垣、郑亲王端华、户部尚书肃顺等八人为"赞襄政务王大臣"辅政，年号"祺祥"，尊生母为"圣母皇太后"。同年 11 月，慈禧与恭亲王发动政变打压了八名"赞襄政务王大臣"，改元同治，慈禧垂帘听政，实际控制了国家大权。

那么这位老佛爷是如何登上高位的呢？慈禧生性乖巧，聪明果敢，同时她也野心勃勃，不甘于只做一个普通小姐，她从小就有大志向，那就是进宫。到了她 17 岁的时候，她的父亲惠征在芜湖任道员，恰巧咸丰皇帝到此南巡。慈禧听说皇帝要来，心想这也许是入宫的契机，决不能放过。一天，天刚亮，慈禧就起床，然后精心打扮一番，从后门偷偷溜出家，到大街上去看皇帝。坐在龙辇里的咸丰帝，前呼后拥地走在大街上，气势庞大，盛况空前。沿街的百姓都站在街道两旁，一睹这位天子的风采。慈禧特意找了个咸丰帝可以一眼看到的地方站在那里。当咸丰帝的龙辇路过慈禧身边时，顿时被美丽动人的少女深深吸引了。在百姓的欢呼声中，咸丰帝盯着美丽的慈禧。此时慈禧也正好抬头看他，那一刹那，两人双目对视，咸丰帝失魂了。他本想停车，又怕失了尊严，只能恋恋不舍地把目光移开了，但慈禧那美丽的身影却让咸丰帝记在了心里。

此后一连几天，咸丰帝都茶不思饭不想，一直想着佳人。这个佳人到底是谁家的女儿呢？想到这儿，咸丰帝便召见惠征，叫他找到这个佳人。可是差役们几乎查遍了全城，也不知道她在哪里。惠征担心咸丰帝会怪罪于他，顿时心急如焚，不知如何是好。吃饭时，慈禧见父亲胃口不佳，似有心事，就问父亲出了什么事。惠征放下筷子，叹道："女儿你不知道，皇帝前几日上街，竟然看中了一个沿街而立的女子，想要召她进宫。但是，这个女子也不知是哪家的，命我前去查访，我翻遍了整个城也没找到。万一皇上怪罪下来，我是吃不了兜着走啊！"慈禧一听，顿时笑了起来，她对父亲说："父亲多虑了，您要找的那个人就是我。您赶紧带我去见皇上。"惠征被女儿的一番话惊呆了，半晌才醒过神来，于是马上派了一顶大轿，把慈禧带去了咸丰的寓所。父女俩被安排在大厅等候皇帝，咸丰帝仔细看着眼前的这位女子，正是自己心仪之人，顿时大喜，当即重赏惠征，慈禧便入了宫。由于慈禧善于察言观色，聪明机巧，深受咸丰帝宠爱，她呼风唤雨的一生便开始了。

机会不是等来的，是靠自己争取来的。竞争激烈的职场经常会掩盖人的光彩，但每个人总是有机会出头的，把握机会展示自己，就可能在竞争中脱颖而出，成为胜利者。即便一时不能带来显著的效果，积累下来必然可以打下坚实的基础。

随机进退勿硬闯

革命家列宁曾说过："为了更好地一跃而后退。"此话言之有理。试想，当我们面对强大的阻力时，我们是硬着头皮往上冲，还是暂时退守以待时机再行动呢？ 聪明的选择是后者。 暂时退让是一种智慧，也是一种策略。

身处竞争激烈的职场，要想得到晋升是很难的。 此时，实力只是一个方面，它不是万能的。 很多人都会一厢情愿地认为，什么都可以用能力说明，其实这个想法是幼稚的，甚至是错误的。 如果我们发现正面争取不能得到晋升，不妨换个方法暂避锋芒，主动去做一份看起来职位更低的工作，让自己有些新的经验，让自己在蛰伏阶段获得更大的提升潜力。

齐震是某知名大学新闻传播专业的博士，当他四处谋职时，他也犯了这样的错误：那就是他自以为自己能力强、底子厚，因此给自己定了很高的目标。开始的时候，他打算应聘某知名杂志社总编辑的职位，本以为自己可以一举成功，不想却被拒之门外，此后一直求职无门。齐震十分郁闷，便找来朋友喝酒解闷，向朋友倾诉了自己的苦衷。朋友听后，对他说："也许你的目标太高了，不如先进小一点的杂志社，有了经验之后，再去大的杂志社也不迟啊！"朋友的一番话让齐震醍醐灌顶。于是他把那个让他自我感觉良好的文凭收起来，进了一家报社，当起了校对员。

金子总是会发光的，很快齐震的才华就被报社总编发现了，于是把他安排到广告部做编辑。过了一段时间，总编发现他做得很是轻松，又把他调到时事部做编辑。在时事部，总编发现他策划的版面、修改的稿件见解新颖、准确而又有深度，远超其他编辑。此时的齐震才向总编亮出自己的学位证书，并把自己过去的求职经过讲了出来。总编听后更加高兴了，毫不犹豫地将他升为副总编。5 年后，齐震终于成为了某知名杂志社总编。

当我们在成功的道路上遇到困难时，应该如何选择呢？不妨向齐震学习吧，选择迂回地攻击。

中日甲午战争爆发前，日本伺机控制朝鲜，进而威胁中国，清廷上下惶恐不安。为了进一步加强京师的防卫体系，清政府诏令统帅吴长庆回国，镇守辽东。吴长庆走后，在朝鲜的军队分成三部分：提督吴兆有和总兵张光前各统一军，另外就是袁世凯统帅的淮军"庆字营"，三军由吴兆有统一调遣。

不久，朝鲜开化党人被日本人挑唆发动了"甲申政变"，朝鲜局势发生突变。此时，袁世凯主张立即出兵镇压政变以稳定朝鲜局势，但吴兆有等人十分反对，他们一致认为应该先请示朝廷然后再行动。可是当时的情况十万火急，等批示已经来不及了。情急之下，袁世凯自作主张，出兵镇压，结果救出了国王李熙，成功镇压了政变。

日本人被袁世凯的这一举动激怒了。于是以此为借口，一面增兵朝鲜，一面向清政府提出抗议，称袁世凯制造冲突。此时，吴兆有等人也趁机落井下石，不仅把责任都推到了袁世凯身上，还控告他擅自挪用军费。于是清政府便派人对此事进行调查。袁世凯知道不妙，竭力抹平每个漏洞，并预先做好了安排。当特使到达后，袁世凯尽心服侍两个特使，百般掩饰，总算应付过去了。眼看处境艰难，他借口养母牛氏有病，请假回国了。

几天后，吴大徵等人回到天津，在李鸿章面前对袁世凯赞扬一番，称他在朝怎样拓展外交，巩固中朝关系；怎样随机应变，处置"甲申政变"，又夸赞袁世凯为可用之才。由于吴大徵等人的宣传，加上日本外相伊藤博文指名要求严惩袁世凯，袁世凯的名声反而更大了。

1885年4月，李鸿章与伊藤博文签订《中日天津条约》，中日两国都撤离了朝鲜。7月，应朝鲜国王的一再请求，清政府决定释放大院君李昰应。而护送的人选，李鸿章选择了袁世凯，并上奏保荐。清政府很快决定：将袁世凯提拔为"驻扎朝鲜总理交涉通商事宜大臣""以道员任用，加三品衔"，袁世凯连升两级，成为一位炙手可热的人物。

可以说，袁世凯不愧为一个善用"以退为进"战略的高手，若他心计不深，也不会有东山再起的一天了。

小心老板的底线

在职场上，下属知道老板的偏好与做事的底线，是十分重要的，只有将老板的底线摸透了，才能确保自己时刻都处于安全之中。如果你硬要去碰老板的底线，跟老板死磕，绝不会有好日子过。

要想在职场上平步青云，就必须处理好与老板、同事之间的关系。怎样才能处理好职场上的人际关系呢？这需要足够的智慧，干万要记住别碰老板的底线。

那么，何谓老板的底线呢？ 所谓老板的底线，便是老板的基本准则，这往往是老板能够容忍的最低限度。 身在职场，我们首先要学会的就是明哲保身。

如果你有好的建议和意见想要跟老板提，选择的时机一定要恰当。 那些有心计、会算计的人通常都会这样做。 如此一来，老板不仅会接受你的建议，还不会觉得你有威胁。

其实，每个老板都讨厌下属过于张扬，他们会认为这样的下属野心勃勃，不好管理，甚至会担心下属可能取代自己。 这自然会造成上司和下属关系的紧张。 太紧张的关系，容易让你的整体形象在老板那里失分，老板不高兴，你的业绩也会受到影响，因为老板不会让你的想法得以实现。 因此，准确把握老板的底线，会获得更多成功的机会。 只有你的想法和做事方式得到老板的认可，老板才会给你更多的机会，这对职场中的升迁来说是至关重要的。 倘若你总是一次次地碰触老板的底线，老板就会感到不舒服，而你就会很惨。

高天是一家私企策划部的经理，这家私企规模不大，老板35岁左右。高天是被老板挖过去的，一直以来老板对高天的工作能力非常欣赏，对他格外器重，总把很多事情交给高天去做。所以，高天除了负责策划部的工作之外，还会做一些别的工作。很多时候，老板都会把高天叫到办公室，讨论很多事。高天成了老板的智囊。

这家公司主要经营通信产品，同行间竞争激烈，老板给了高天足够的权力。高天当然也不负所望，为公司签下了很多大客户。可以说，在公司里，高天如鱼得水，如果不发生什么意外，高天将会在公司有很大的发展前途。可是意外却偏偏发生了。高天最终被老板扫地出门，原因是他碰触了老板的底线。

公司除了策划部之外，其他部门基本都是由老板亲自掌管。老板要负责的事过多，因此在处理问题和工作上会有疏漏，这样一来，员工就会有想法。比如，因为老板出差，耽误了会见重要客户；临时口头吩咐的工作，没有引起员工重视，之后老板问起来，员工还在等待正式通知。这样的事情隔三岔五就会发生，老板埋怨员工执行不力，反过来员工埋怨老板分工不明。

鉴于此种情况，很多员工找到高天，想让高天当代表去和老板谈一谈。高天也早就想找老板谈谈了，现在同事们又找到了自己，他没多考虑就答应了。于是，高天就把同事们的意见转达给了老板，并且恳请老板答应举办恳谈会，大家好好地交流一下。

很快，老板就召集所有人开会，开会前老板还挺开心，和大伙儿有说有笑的。全体人员落座之后，老板做了个简短发言，意思是希望大家将工作中的问题都提出来，以便能够拿出整改措施。会议的前10分钟发言的是财务部门、行政部门和高天带领的策划部，前两个部门的员工大多是老板的亲戚或朋友，经常与老板交流，所以大家的问题，也都是些"公司效率可以再提高一步""员工考核可以更加完善"之类无关痛痒的问题。然而，轮到策划部门尹然发言时，他指出员工加班频率过高却没加班费的问题，策划部门和业务部门开始了针对老板的批评，其中业务部的某位员工还提出说，老板骂过自己，说他是"笨蛋"，这等于侮辱员工，等等。很快，这场会议就变成了批判老板的会议，员工们借机对老板大加指责，似乎是在给自己解气。老板起初只是说："我以前这样做过""我说过这种话""这个问题以后会尽量少发生"。可是老板已明显流露出不满，只是，他还在努力压制自己的情绪。然而，员工们却并没有看出来，依旧是你一言、我一语地攻击老板。其中一个员工竟然指责老板不按时上班，没有以身作则。此时的老板终于忍无可忍，这个员工还没说完话，老板就大发雷霆，他拍着桌子大吼："谁不想干，就给我走人！"说完就气冲冲地走了。路过高天的座位时，老板瞪了高天一眼。

高天知道自己闯祸了。结果果然不出他所料，第二天，当高天再去跟老板汇报工作时，老板对高天的态度发生了转变，不久，高天就被辞退了。

每一个老板，都需要高管在公开场合时时刻刻与自己站在一起，老板做得对的，需要大力支持和宣传；老板做得不对的，在关键时候也需要打圆场。而高天却没有这样做，结果就只有被老板扫地出门了。

关键时刻敢拍板

曹操曾说过："夫英雄者，胸怀大志，腹有良谋，有包藏宇宙之机，吞吐天地之志也。"他的话，说的正是凡成大事者，决策能力要强。每个人都会碰到关键时刻，在这个时候，有心计的人不会退缩，而是敢于拍板拿主意，将决策能力展示出来。同时，还要拥有多谋善断的决策头脑，这是由自身修养决定的。为了提高你的决策水平，你要学会创新思维，克服因循守旧、墨守成规的思想。当然，也要有渊博的知识和分析、判断能力。比如，你能否在一大堆急于要办的工作中，分清主次，分清哪些需要自己去办，哪些需要交给他人或下属去办？职场的环境是错综复杂的，能准确判断各个层次、各个类别的人的情况和相互关系，并据此调动他们的积极性是很重要的。

成大事的人，经常要在日常工作中作出各种决策。那么怎样才能作出准确决策呢？

（1）要有选择最佳方案的决策能力

其实，决策的一个重要内容就是方案选优。不过，这个选择并非挑选对错，而是在多种差别不大的方案中选择。而科学准确的决策，必须建立在对多种方案对比选优的基础之上，这就要求能够对比方案，选择最佳。

（2）要有风险决策的精神

通常在一些关键时刻，客观情况纷繁复杂，有一些情况是不能预先判断的。这就要求决策者在关键时刻表现出敢想敢做、敢冒风险的精神，绝不能因循守旧。

（3）要有当机立断的决策魄力

古语云："当断不断，反受其乱。"如果优柔寡断，下不了决定，一旦错过时机，正确的决策也会成为错误的方案，甚至后果可能会很严重。

工作不要挤牙膏

很多人工作很努力，上司却不认可，为什么呢？因为他们工作不到位。不少人总是上司说什么就做什么，一个口令一个动作，完全不想把工作做得更好，任务完成便可。在他们看来，"把事做完"胜过"把事做好"。因此，他们的工作效率总是很低。

陈昊和韩程是同时进入公司的新人，二人条件很接近。然而一年后，韩程受到了上司的重用，得到晋升，而陈昊仍然是老样子。陈昊心里很不是滋味儿，他觉得自己工作比韩程认真努力多了，凭什么韩程得到晋升，而自己却什么都没有，于是他去询问经理原因。

经理想了想，对陈昊说："陈昊，能不能麻烦你跑一趟东门的水产市场，看看那里有没有大闸蟹卖？"陈昊虽然心里有疑惑，不明白经理的想法，但他还是什么都没问，赶紧跑去了东门水产市场。

半小时后，陈昊回来了，他向经理报告说："经理，水产市场有大闸蟹卖。"经理又问："那是怎么卖的呢？是论斤卖？还是按只卖的？"陈昊一听，就不知道了。于是又跑了一趟。半小时后，他又汇报说："水产市场的大闸蟹都是按只卖的，每只 50 元。"

经理听了后也没说什么,只是当着陈昊的面,将韩程叫了进来,给韩程同样的任务:"韩程,麻烦你去一趟东门的水产市场,看看还有没有大闸蟹卖?"韩程马上问经理说:"经理,请问您买大闸蟹干什么用啊?"经理笑着回答说:"眼看中秋快到了,以往都是给员工送月饼,今年想换换,给员工送大闸蟹。"

韩程听完经理的话,才赶去水产市场。过了半小时,韩程回来了,手上还拎着两只阳澄湖大闸蟹,向经理报告说:"经理,我觉得送阳澄湖大闸蟹更好。东门的水产市场有两家摊位有卖。第一家每只平均有4两重,每只卖50元。而第二家每只平均重6两,每只卖80元。"经理听了点点头。

韩程又继续说:"我跟摊主交流过,如果公司一次买600只的话可以打8.5折,而且每4只还送一个附带烹饪大闸蟹调料的礼品盒。咱们公司的员工大多单身,要么就是三口之家,所以我觉得4两的比较好,这样每人可以送四只。而且我看了那些大闸蟹,都挺新鲜,相信大家会很喜欢。不过要是经理自己想送亲戚朋友,我认为6两的好。我各买了一只带回来给您参考,您来定吧。"

看到这里,原因就很明显了。陈昊连买大闸蟹的原因都没问,目的都没弄清楚,就盲目地跑了两趟,结果不好是肯定的了。再看韩程,他虽然只去了一次市场,却将所有问题都了解得很详细,也处理得妥妥帖帖。如果你是经理,会赏识谁呢?

有心计的人考虑问题更周全,力求一次将事情做好,做到位,让上司能放心地将事情交给他。而平庸的人,只是说什么做什么,虽然认真，但难免会做无用功，因此工作效率很低，业绩也提不上去。

可见在职场上，成功并不只依靠努力，企业需要的是努力且聪明的员工。 这样的员工才能准确地领会主管的要求和期待，迅速打开公司上下的局面，成为上司倚靠的力量。

一个口令一个动作，过于军事化、机械化，不适合用在职场上。如果你很努力地工作，却又得不到上司的重视和认可，那么就要反思自己是不是工作方式有问题。

忠言也可顺耳

领导也是人，也会做错事、说错话，也有固执己见、听不进建议的时候。 作为下属，当你发现领导的言语行为有待改进，当你想给上司提出更好的建议时，你该怎么做呢？ 你是选择沉默以求一时之安，还是大胆直接地将自己的想法说出来？

这两种方法都不可行。 没有几位领导会喜欢只知道保持沉默的下属，在领导面前一味沉默只能表示你的无能，没有主见。 但是，将与老板相左的意见直接说出来，也并非明智之举。

俗话说，良药苦口，忠言逆耳。 如果药太苦，吃药的人可能会吃不下去，那样药就不可能发挥其功效。 同样的道理，如果忠言太逆耳，上司也不愿意听，甚至会对你心生怨意。

其实，良药并不一定要苦。 随着现代医学的日益发达，许多良药经糖衣包裹早已不再苦口；推而广之，只要用适当的方式表示出来，忠言也可以让人听了受用。

那么，如何进言才合适呢？

下属向领导提出忠告时，多在非正式场合，尽量与领导私下交谈，避免对领导公开提意见。这样做有利于维护领导的个人尊严，让领导不觉得难堪，也更容易被领导接纳。

也许，在某些时候，出于某种原因，场所无法选择。可即便如此，你也要想办法运用一定的技巧，委婉地将你的建议提出来。

作为一个有责任心的下属，看到老板的过错时，从维护公司利益和领导形象出发，应对其提出忠告和建议。但是，无论你的出发点多么好，也不管你的建议有多好，你都要考虑进言的方法。

冷板凳也要坐热

一个人即使能力再强，机遇再好，也不可能一直一帆风顺。对于我们来说，不经意间坐上冷板凳，也不是稀奇事。坐上冷板凳的原因有许多，主要有以下几方面：

1. 经常出错或错误严重

社会不比学校，出了错向老师认错，然后再加以改正就可以了。工作中不可能不出错误，但如果你总是出错，或者犯的错误太大，使公司损失很大，就会让老板和同事对你失去信心。他们因为害怕冒更大的风险，就会把你放在一边。

2. 老板或上司有意在考验

一个人要想做成大事，面对挑战要有勇气，要有耐心面对繁杂的工作，同时也要有身处孤寂的韧性。对于老板来说，要培养一个人，除了让其干活之外，也可能让他孤立，一边观察，一边训练，而且这种考验领导自然不会告诉你。

3. 人际关系的影响

只要你处于一个团队之中，就有人际关系。要像干好自己的工作一样，处理好与老板、同事的关系。有些团队关系复杂，人心险恶，这种地方你就得更加小心。如果你不善斗争，就很有可能会失势，并坐上冷板凳。

4. 上司的个人好恶

这种情况没什么好说的，也没什么道理可讲。若老板对你没好感，你也没辙，只好坐冷板凳，等到他对你改观。

5. 威胁到老板或上司的地位

如果你能力太强，又过于喜欢表现自己，你的领导会有威机感。他们害怕你出头，怕你对其位置形成威胁，怕你夺走商机去创业，自然会给你冷板凳坐了。

还有很多原因会让你坐冷板凳，不必一一列举。其实，与其坐在冷板凳上自怨自艾，疑神疑鬼，不如调整好自己的心态，用心把冷板凳坐热，让他人对自己改观。下列心计供你参考：

1. 提高自身的能力

当你得不到重用时，借此机会正好广泛收集各种信息，吸收各种知识，以此增强自己的实力。 一旦时运到来，你便能脱颖而出。在你坐冷板凳期间，别人也许正在观察你，如果你自暴自弃，恐怕只能一直坐冷板凳了。

2. 为人谦卑，建立一种良好的人际关系

很多人都会落井下石。 当你坐上冷板凳后，你的朋友可能同情你，想办法帮你；但那些平时对你不满之人，这时可能就要高兴了，他们希望你一辈子翻不了身。

所以，当你身处不利时，要态度谦卑，人前切莫提当年之勇，那已经没有意义。 而且当年之勇也让你怀才不遇之感更甚，徒增自己的苦闷。

3. 学会克制与忍耐

人要能忍耐，能忍受闲气，忍受他人的嘲弄，忍受寂寞，忍受黎明前的黑暗，忍受"虎落平阳被犬欺"的痛苦，忍给所有人看！

如果能做到以上几点，你就一定会苦尽甘来。 不管你因为什么原因坐上冷板凳，你可以利用这一机会锻炼自己，磨炼自己的心志。

坐冷板凳固然不舒服，但也用不着过于忧虑和害怕。 其实，坐冷板凳的不良感觉，主要是一个"磨"字。 缺少心计的人坐冷板凳，便会消极沉沦，最后只剩下仰天长叹，"空悲切"；但在有心计的人看来，冷板凳反而能磨炼自己，人不磨不成才，玉不琢不成器，越磨越锐利，越显现出光彩与价值。